JN062604

東松山の地名と歴史

〔復刻新版〕

岡田 潔

まつやま書房

はじめに

東松山市高坂の地名の冊子を高坂市民活動センターで出したのは平成十一年のことでした。その契機になったのは、市民が東松山市の歴史を簡単に知ることのできる本がないということです。東松山市の歴史については昭和五十年から六十年にかけて市史が編纂されました。当時としては優れた学者が本市の歴史を研究されまして、すぐれた書籍を残してくれました。それらを市民が果たして読んでくれたでしょうか。

私は手軽に東松山市のことを紹介する冊子として、高坂の大字別の地名と成り立ちの大略を内容とする冊子を出すことにしました。冊子を『高坂の地名』ということにしました。地名はその土地の歴史を反映してますし、私の専門分野に近いという有利さがあったからです。高坂に続いて、唐子、松山、野本、大岡と執筆しました。その間、いろいろの人から御教示をいただきました。改めて感謝申し上げます。

さて、地名について簡単に触れて置きます。地名は私たちの先祖が毎日の生活の中で生み出したものであり、また、歴史の流れの中で生まれた貴重なものです。地名の持つ意味を知ることにより、昔の人たちの生活を知ることができます。

東松山市は日々変わってきています。このような中で、地名を通して私たちの町の歴史を知り、それを踏まえて日々の生活を快適なものにして欲しいと思います。

なお、文中参考文献を次のように省略しました。

『新編武蔵風土記稿』↓『風土記稿』
『埼玉県地名誌』↓『地名誌』
『武蔵国郡村誌』↓『郡村誌』

推薦のことば

東京都江戸東京博物館教授　小澤　弘

篤学の士・岡田潔先生が、当地東松山市内の地名について、永年ご調査ご研究なさった成果を平成十一年より小冊子にされて、先生がお住まいの地域『高坂の地名』を嚆矢とし、唐子・松山・野本・大岡の地名と、順次刊行なさっておられたことは、先生が副委員長を務めておられる東松山文化財保護委員会の一員として、従前から存じ上げておりました。

先生は、地元の歴史や民俗について早くより強い関心をもたれ、ご専門の立場から東松山市の地名と歴史について学術的な検証を丹念に続けられ、地域ごとに小冊子とされたのです。これらの東松山市全域の地名と歴史の小冊子が、いずれはまとめられ編輯（へんしゅう）され、一冊の書籍として世に出ることを願ったのは小生だけではないと思います。

このたび、岡田先生の『東松山市の地名と歴史』が上梓（じょうし）されるとのことを仄聞（そくぶん）し、誠におめでたく存じます。東松山の市民のみならず、広く地名と歴史に関心のある人々にとりましても嬉しい出来事と存じます。

先生は、すでに平成十一年に隣接する地域の『川島町の地名』（川島町史調査資料第五集）を執筆なされ、平成十五年には『箭弓稲荷神社 東松山』（さきたま文庫）を著され、また地域研究の一端として「秩父平氏高坂氏とその遺跡」などのご講演もなさっておられますが、さらに先生のご労作の本書が世に出ることとなり、たいへん有難いことと存じます。

住んでいる地域の地名のルーツについて知ることは、先人たちの土地に対する思いや歴史を顧みて、その地域の文化を継承することでもあります。東松山の市民の方々には勿論のこと、とりわけ小中学生や、新たに住民となられた方々に、是非ともご一読をお勧めいたします。

平成二十二年正月吉日

東松山市桜山台の四阿にて

東松山の地名と歴史〔復刻新版〕◎目次

はじめに――1
推薦のことば　小澤　弘――3
松山の地名……7
一．松山　8
二．野田　44
三．東平　51
四．市ノ川　60
高坂の地名……67
一．高坂　70
二．毛塚　81
三．田木　92
四．西本宿　101
五．岩殿　113
六．宮鼻　127
七．正代　135
八．早俣　150

書籍復刻にあたり、当時の文をそのまま再現しており、現在と状況が違う場合もあります。また使用した写真に対しては、再撮影をおこない原本の写真とは異なるものもあります。

唐子の地名……159
一．上唐子 161
二．下唐子 168
三．神戸 178
四．葛袋 186
五．石橋 192
六．新郷 198

野本の地名……205
一．下野本 207
二．上野本 222
三．下青鳥 227
四．押垂 233
五．古凍 240
六．今泉 246
七．柏崎 250

大岡の地名……261
一．大谷 263
二．岡 282

あとがき―― 292

松山の地名

一・松山

①市民の多くは〝松山〟と言いますが、〝東松山〟と言った方が正しいと思いますが、いかがなものですか。

昔からの住民は、松山という言い方をする人が多い様ですが、正しくは東松山と言うべきでしょう。しかし、松山の地名は以下の様な変遷を辿りましたことを理解して下さい。

明治二十二年（一八八九）に松山の町と市ノ川村、野田村、東平村が合併して町制を施行して松山町が成立しました。大正十二年（一九二三）東上線が坂戸町駅から延長され、松山に駅が出来ましたが、駅名は武州松山駅となり、四国の松山との混同を避けました。

昭和二十九年（一九五四）松山町と野本村、高坂村、唐子村、大岡村が合併して市制を施行するようになったのです。当時自治省から愛媛県の松山市との混同を避ける意味から東松山市という市名が示されたという話です。

昔からの住民にとっては、東松山というよりも松山といった方が親しい呼び方です。

②松山の由来について説明して下さい。

松山という地名は、松山城からきた地名です。江戸時代の地誌『風土記稿』の図をみると、丘陵の周辺は草地で僅かに本丸の辺りに松林があるような状況でした。また、この地は、松林の多い地でした。このことから、城名を松山城と呼ぶようになったと思います。松山城は戦国時代関東に於ける要の位置にあり、扇谷上杉氏、後北条氏にとって重要な城でした。後北条氏の時代、川の西側の台地末端に「松山本郷」という商業を主とした場所を設けました。松山本郷は北条方の軍事の輸送や転馬（てんま）（公用旅行者の貸客、輸送をする馬）の継立てなどをやっていました。商業は市の形で川畔で行われるのが通例でした。その川が市野川と呼ばれています。

天正十三年（一五八五）松山城主上田憲定の朱印

松山城蹟跡（『風土記稿』）

状に「本郷の元宿詰り候あいだ新市場割り添え候」とあるように、本郷の宿が手ぜまになったため、川の西側の微高地（自然堤防）に新宿ができました。新宿は本郷よりも城に近く、本郷宿を本宿（元宿）と呼ぶようになりました。本宿、新宿が核となってその後の松山の町が形成されたのです。

③箭弓稲荷神社は市民にとって「やきゅうさま」と呼ばれ親しまれていますが、やきゅうという地名の由来とかつての繁栄振りについて教えて下さい。

全国に三万の稲荷社がありますが、総本宮は京都の伏見稲荷大社です。稲荷山という標高二三三メートルの霊峰の麓に位置しています。伏見稲荷大社の起源は和銅四年（七一一）まで逆上ることができます。

社史によりますと、和銅五年に創建されたとしていますので、かなり古い歴史を持つお宮です。

箭弓稲荷神社は、稲作の守り神です。この地で古くから開けていたのが、将軍塚古墳のある野本の地です。野本の地は水が得やすく前面に沖積地が広がっています。都幾川の沖積地の水田は、七〜八世紀頃施行された条里制（中国から伝わった土地制度）跡も確認されています。農民が遙かに見える台地の高台に豊ぎょうの神様（稲荷社）を祀るのも自然の

ことでしょう。稲荷社を里人はいつ頃か「やきゅう（野宮、後に野久）稲荷」と呼ぶようになり、神社のある土地を「野久が原」と呼んでいました。

平安時代中頃、下総国の平忠常の乱の時、清和源氏の源頼信（九六八～一〇四八）が京から派遣され、野久が原に本陣を張ったところ近くに野久稲荷の祠を見つけました。野久は矢弓に通じ武門の神であるということで、戦いの勝利を祈願しました。以後、野久を矢・弓を意味する箭弓に替え、箭弓稲荷神社と呼ぶようになったといいます。

清和源氏の勢力の拡大と箭弓稲荷神社の成立は密接に関係していることが分かります。

その後、松山城主上田能登守朝直、川越藩主松平大和守斉典等の歴代の領主の保護もあって社殿も整備され、壮麗なものになっていきました。

特に、江戸中期以降五穀豊穣・商売繁盛・家内安全の神様として広く信仰を集めるようになりました。文化・文政時代にできた『風土記稿』には、「享保年中（一七一六〜三六）ヨリ殊ニ感応著ク諸人信仰スルモノ多シ。今ノ如ク市店・旅宿門前ニ並ベルハ彼頃ヨリノコトナリト」とあります。文化十一年（一八一四）江戸小日向の廓然寺住職津田大浄が書いた『遊暦雑記』の中に、当時の繁盛ぶりが次のように書かれています。

「此稲荷は弐拾四五年以来の流行神にして、その以前までハ聞も及ハざりしが今繁盛に至ては武州一国の中に肩をならぶる稲荷恐らくハあるべからず（中略）聞しに増る繁盛ハ当所の都会の地ともいふべけれ。東西の町の間凡三四町南側家居軒を同ぶし旅店あり、食店あり、商家酒楼の家々必至と建つらなり、来る人帰る人その賑やかに男女の往来ハ引もちぎらず」

箭弓稲荷神社の参詣者の増加は境内や門前に茶屋や旅籠が出来、松山宿の旅籠との客の争奪が行われ、文化十年と文化十三年の二度にわたり紛争を起こしました。文化十三年の時の証文に連印した旅籠は、箭弓茶屋側は二十一名、町方旅籠十一名といった状態で、箭弓茶屋側の繁盛振りが分かります。

④五領町という地名は、箭弓稲荷神社と関係がありますか。

五領町は、神社の「ごりょうち（御料地）」の語幹部分だけ、即ち「ごりょう」が生きた地名ではないでしょうか。推測するに、川越城主松平大和守家が箭弓稲荷神社を深く信仰し、城内更には自宅にも分社を祀ってありました。松平大和守家が寄進した神社の御料地地がこの地にあったものと思われます。

⑤神明町は五領町と同じ様に箭弓稲荷神社と関係がある地名ですか。

神明町とは、神明信仰に基づく地名で、伊勢神宮の信仰が全国に広がるとともに全国に広まった地名です。『風土記稿』には、「神明社真福寺持」とあります。神明社があるので、神明町という町名ができました。

⑥御茶山町は新しく命名した町名ですか。

御茶山町は町名こそ新しい町名ですが、御茶山は昔からあった地名です。神明会館脇の尾稲荷神社に御神木があり、その下にきれいな清水が湧き出していました。その清水を使

松山城跡を東松山市街地から望む

いお茶を入れると、おいしいお茶ができるということで、茶道の師匠さんも利用していました。そのため、このあたりの総称として御茶山の名が付いていました。町名はこの山に因んで付けられました。また、御茶山の水は松山城の命の水であったということです。天文六年（一五三七）川越城で敗れた扇谷上杉朝定は松山城に入りました。松山城主難波田弾正（なんばたぜんじょう）は主君を迎え、大いに意気が上がりました。追撃してきた北条氏綱（うじつな）軍は城を包囲しました。

松山城は粘土層が地表面近くにあり、粘土層の上に帯水層があり、城内に井戸がありましたが、限界がありました。北条軍の密偵に井戸の中に毒物を入れられ、更に市野川にも毒物を流しましたので城兵は水に困っていました。難波田弾正は夜陰に紛れて城兵をお茶山の清水までやり、水を汲ませました。この辺は今でも沼があり、当時は百足原（むかでがはら）という湿地でした。

城内に水のないことを敵に知られたくないために、難波田弾正は毎日夕方になると、軍馬を城の高台に数十頭を並べて、敵に見えるように行水を浴びせました。実は水でなく、兵糧倉から持ち出した米を馬にかけたのです。白米が夕日に映じて水のように見えたのです。それを知らない北条軍は驚き、且つ不思議に思いました。

北条軍の巡視の武士がお茶山の清水付近を巡回中、一人の老婆がこの清水で洗濯をしていました。老婆の足元に一本の小柄（こずか）が落ちていました。小柄は武士が持っている小刀のことを言います。巡視の武士の問いかけに、老婆はその小柄は城兵のもので、城兵が毎晩この清水に水を汲みに来ること、馬を毎夕洗っているのは水ではなく実は米であること等を話してしまいました。

この問答の後、北条軍は清水を止めて、松山城を攻め、遂に松山城は落城してしまいました。この老婆の話はやがて近隣に広まり、世間から爪はじきを受け、老婆の家は没落してしまいました。

⑦武田信玄と上杉謙信が松山城の攻防をめぐり戦いましたが、武田信玄が横穴にヒントを得て甲州金山の坑夫を連れてきて、坑道を掘ったといわれますが、本当ですか。

松山城の近くの凝灰岩質砂岩に横穴があることは古くから知られていました。その横穴を大里村（熊谷市）根岸武香（たけか）、東京帝国大学（東京大学）学生坪井正五郎が学術的に発掘し

観光地となっている吉見百穴

たのは明治二十年（一八八八）のことです。

永禄五年（一五六五）、武田信玄は関東にも食指を動かし、北条氏康の求めに応じて出兵し松山城を包囲しました。両軍併せて一説では五万の軍勢を集結させたと言います。守るは扇谷上杉憲勝（のりかつ）、城兵の反撃を猛烈をきわめました。

攻めあぐねる武田・北条軍は十二月、翌年一月になっても落ちない。予期しない知らせが届きました。上杉謙信が雪の峠を越えて春日山城から松山城の救援に駆けつけるということです。武田信玄は上杉謙信との直接対決は避けたいと思いました。たまたま近くの寺に在陣（観音寺であろうか）の信玄の弟信繁（のぶしげ）が陣営の見廻りのため、丘陵の麓の横穴を見て坑道戦のヒントを得たということです。見廻りから帰り、信玄に坑道戦を進言しましたが、さすがの信玄もこの提案には驚きました。しかし、甲州からの金山衆は請求通りの人数が到着しました。

城内への坑道は三か所から掘り進みました。坑道はじわじわと城内に迫って来ました。「攻めるなら今だ」と信玄は地上から攻め立てました。遂に二月四日大要塞も陥落してしまいました。謙信も近くの雷電山まで来ましたが、なす術もなく越後に帰りました。

後日のことですが、第二次大戦中軍部で地下工場を造る計画でこの近くにトンネルを掘りましたが、松山城の近くには硬い岩石がありトンネル工事を実施できなかったといわれています。

⑧百穴近くの台地の下に観音寺池がありますが、観音寺について説明して下さい。

観音寺池は市野川の蛇行の跡で、専門用語では河跡湖（かせきこ）と言います。この台地の端に観音寺という寺がありましたが、明治初年に廃寺になりました。観音寺については『風土記稿』に次のような記述があります。

「本山修験、中興は慶繁（よししげ）。慶繁の父石田又七郎は三河国生まれで、徳川家康に仕え、元亀元年（一五七〇）六月姉川の戦いで討死しました。慶繁は縁を頼りに出家しましたが、家康が松山での鷹狩りの折当寺を訪れました。慶繁はその時に自身の出生のことを話しました。家康は慶繁に再び武士になって仕えるよう勧めましたが、慶繁は辞退しました」

姉川の戦いは、家康が天下取りを始める前、織田・徳川連合軍が姉川河畔で浅井・朝倉連合軍を打ち破った戦いで、家康にとっても大事な戦いでした。

　家康の死後、元和三年（一六一七）三月駿河国久能山から下野国日光山に改葬の折、当寺に御霊棺が休憩したので、その跡地に東照宮を勧請しました。その後建物は焼失しましたが、仮殿を建立しました。仮堂は三つ葉葵の瓦が屋根に載っておりましたが、現在は地主の要望で撤去されて市埋蔵文化財センターで保管しています。なお、観音寺池も埋めたてられ、駐車場になってしまいました。

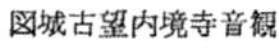

（『風土記稿』）

観音寺池跡（写真左駐車場・撮影当時）

⑨近世になると、松山の市の中心は西の八王子街道の方に移動します。その後の松山の中心となる街道です。その詳細について説明して下さい。

松山城は中世に於ける難攻不落の城として名を馳せました。室町時代以降鎌倉の中心的な価値が失われてきました。従って、街道としての高坂～松山～村岡を通った鎌倉街道上道下野線が衰え、八王子～松山城、川越～松山城の連絡道が重要になってきました。

街道の機能が移行するのは十五世紀後半から十六世紀前半のことです。鎌倉街道上道下野線は、金谷の浄光寺の西からボッシュ工場の中を通り、原歯科の前、まるひろ東松山店の北側から北に延びて、八雲神社の辺で八王子街道に合流しました。

街道が近世的に価値を持つのは、慶安年間（一六四八～一六五二）以降八王子千人同心が日光東照宮の火の番という仕事を与えられ、街道が整備さ

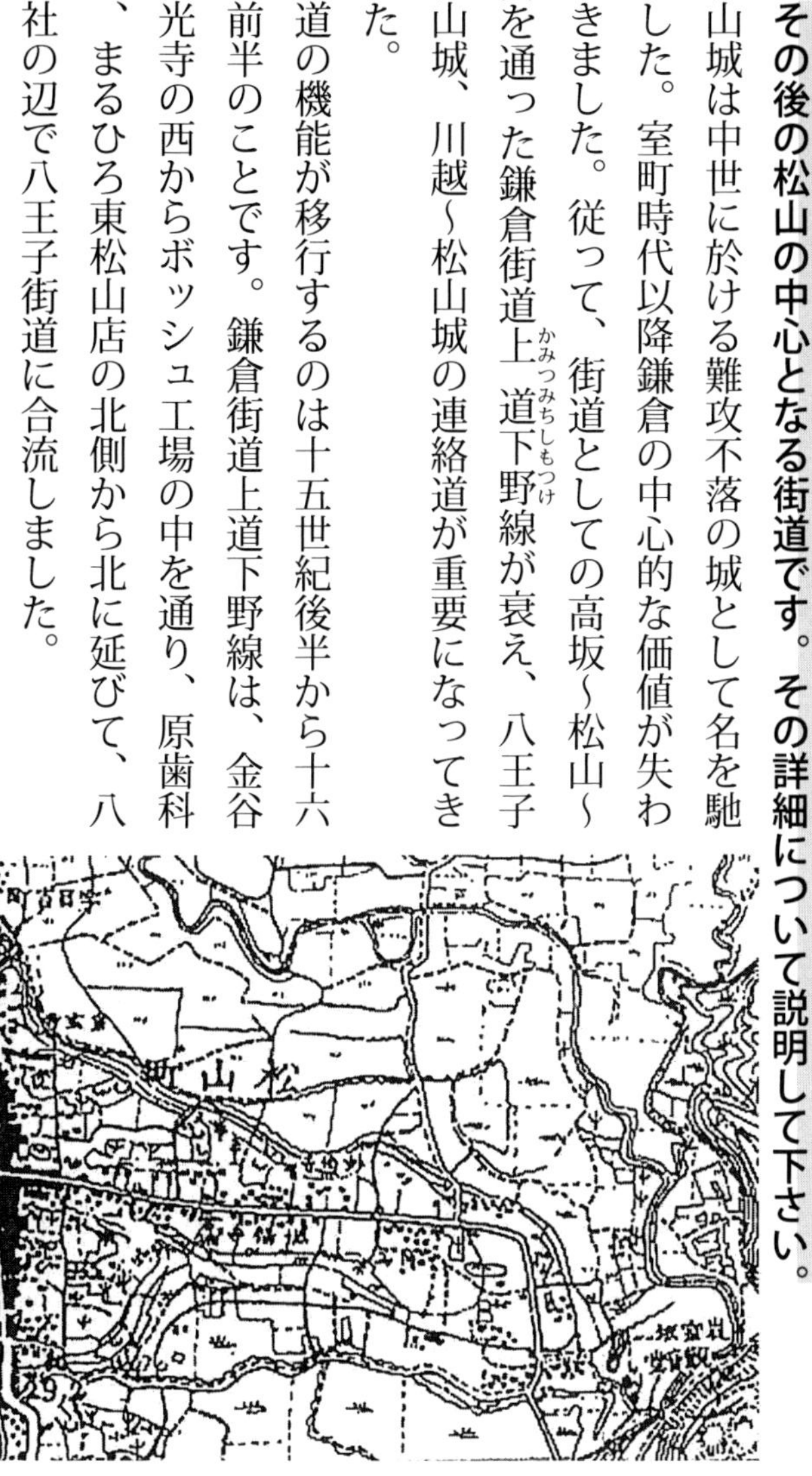

れてからです。八王子街道は、八王子~松山の道路を拡充し、近世の松山の商業の中心をなした道路です。

元文元年（一七三六）の「武州比企郡本郷松山町絵図」によれば、町並は下沼から上沼までの町沿いに発達し、松山本郷からの小川道と八王子脇街道との交差点は「札の辻」として町の中心をなしています。「札の辻」から上沼から下沼までを上宿、中宿、下宿といいました。「札の辻」からの横町、即ち材木町通りも町並が発達していました。松山本郷からの本町通りへの宿の移転は、天正四年（一五七六）頃から行なわれていました。

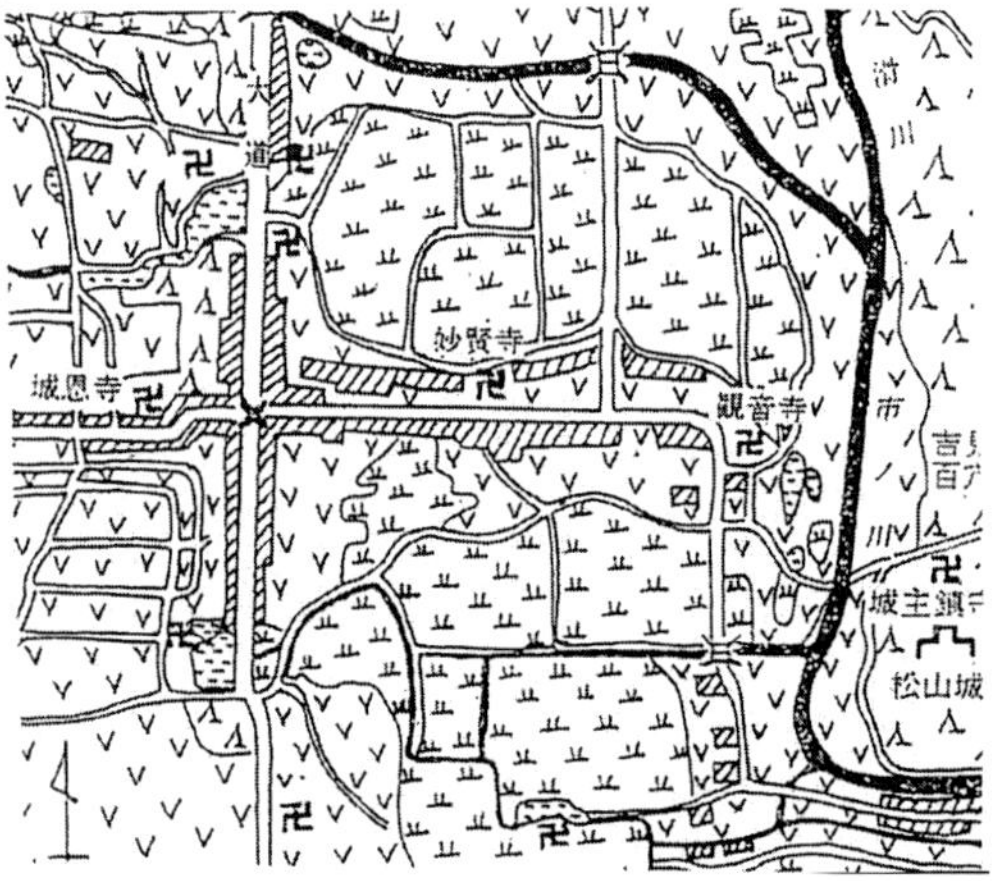

江戸時代中期の松山町

⑩中世以来の松山の商業の発展には岩崎家・池谷家・大島家が関係してきます。そのことについて説明して下さい。

中世北条氏の時代、松山本郷が松山領の経済の中枢を担っていました。松山本郷には町人が現れ、本郷は町場であり宿駅でした。本郷町人衆あて北条氏の掟は、本郷への北条軍の立入りを厳禁して保護を加え、もし掟に背く者がいたら逮捕して北条軍に突き出せ、場合によったら打殺（うちころ）しもよいと、本郷中の警察権を町人衆にゆだねていました。その見返りに軍の備品の運送や伝馬の継立ての課役だけは果たすように命じられました。この本郷町人の中心になったのが岩崎対馬守・池谷肥前守・大島備後守でした。武士風の名前で呼ばれていましたが、純然たる町人でした。

岩崎家は下宿に住み、江戸初期には本陣、名主も勤めました。現在下沼の脇にある福聚寺（ふくじゅじ）の山門は、岩崎家の裏門が移されたものです。

福聚寺の山門

⑪上沼、下沼を男沼、女沼とも言いますが、なにか昔からの伝説でもありますか。

松山台地末端の崖に沿って湧水があり、また、台地を流れてきた小川が低地に流れ込んでいました。それらの小川と湧水を台地末端に溜めて溜池にして、水田の灌漑用水として利用しようとしたのが、上沼、下沼です。この上沼と下沼にまつわる以下のような伝説があります。

小田原城の北条氏政から松山城主上田能登守朝直（ともなお）へ甲州の武田信玄が大軍を率いて攻めて来たので、援軍を頼むとの命令が入りました。上田朝直は早速城下の町人衆に従軍するようにとお達しを出しました。

城下新田の下沼の辺に与四郎という新婚の若者が母親と共に住んでおりました。松山城主の命令で与四郎も仲間とともに小田原を目指して出発しました。

上田朝直の援軍は、小田原城に着くやいなや北条軍の先鋒部隊として出陣し、相州の三（み）増（ませ）峠で優勢な武田軍と激突しました。与四郎も手傷を負いました。気の弱い与四郎は、前後の分別もなく夜戦に紛（まぎ）れ、戦場から離脱して松山に独り逃げ帰って来ました。

与四郎は夜になって懐かしい我が家に行ってみると、誰もいません。仏壇を見ると、真新しい位牌が二つありましたので、びっくりしてその二つの位牌を持って近くの叔父の家へ行ったところ、小田原での戦闘の様子が松山に伝わり、三増峠で与四郎が戦死したと誤って伝えられました。与四郎の戦死の報に悲観した母は、三日三晩泣き明かして悲しみの余り死んでしまいました。新妻も母の後を追い、下沼に身を投げてしまいました。この様な事を叔父から聞き、与四郎はこのままこの地に居ると、捕らえられ重い刑罰に受けることになるので逃げることにしました。ところが、このまま他国に逃れたとしても幸せが待っているとも思われない、いっそのことあの世とやらへと心に決し、二つの位牌を抱いて上沼に身を投げて果ててしまったということです。

時に永禄十二年（一五六九）年十月末のことで、以後上沼のことを男沼、下沼のことを女沼と呼ぶようになったということです。

上沼

下沼

⑫松山図書館南の八王子街道から松本町に下る坂道を巡礼道と言いますが、巡礼道についての伝説を教えて下さい。

江戸時代中頃、坂道の途中で巡礼親子の母親が病死しました。当時観音信仰が盛んで、ここの道路は坂東三十三か所の十番の岩殿正法寺から十一番吉見安楽寺への道筋に当たります。この巡礼親子も坂東三十三か所の観音詣での途中であったと思われます。

また、一説によると、雪夜に巡礼親子がこの坂の下の土橋で、土橋が腐敗していたため橋もろとも下の流れに落ち、母子ともはかなくも死んでしまったということです。

⑬松山の市は、松山城落城以後本町の上宿、中宿、下宿に移り、五・十の六斉の市として発展しました。六斉の市について説明して下さい。

十五世紀後半以降、戦国大名は領内に六斉の市を開き、商業活動を奨励しました。松山の場合、松山本郷の時代から五・十の六斉の市が開かれました。市は、毎月五日、十日、十五日、二十日、二十五日、三十日の六回の市が開かれました。松山では、いつしか十の付く日には上宿、五の付く日には下宿で交互に市が開かれました。この慣行は大正頃まで行われていました。

松山の市は、小川の一・六の市、伊草の二・七の市、坂戸の三・八の市、鴻巣の四・九の市に対応する市でした。そこでは、米、麦、雑穀、紙、薪炭、材木等が地域から出荷され、地域外からの食品、農具、雑貨等が出され、売買されました。

中世から近世の初めの市は、河川の流域が中心として行われましたので、松山の場合は市野川から上沼にかけての地がそれに相当する地だと思います。市神様は八雲神社にあり、自然石や木が多くの場合使われました。八雲神社は道路に競りだしていて、市場全体から見られるような状態でした。

市は、中世から江戸時代初期にかけては街道に店を開く露天商（後に庭見世という）から店舗形式の見世（内見世）へ発展していきます。松山の本町通には、内見世と呼ばれる町並の店舗とその前の三角形の庭見世が開かれた空地が残されています。

本町通りの商店の地割り図をみると、道路に対して斜めに交差しています。

寛政四年（一七九二）の「松山町庭見世商人議定写」を見ると、冒頭に商人連中が伊勢神宮の万度（まんど）講を組織し、御師に初穂料を献上して大麻（おおぬさ）を受け、商売繁盛、子孫長久を祈っています。

内見世と庭見世

議定書の内容は、秩序だてて店を出すこと、破格な値を付けないこと、宿の払いはきちんとすることなど、市および商人の規律に関する項目と連帯強化に関する項目とからなっています。

この議定書は、天明二年（一七八二）に定められ、文化十五年（一八一八）再興、天保五年（一八三四）と明治七年（一八七四）に改定されています。伊勢万度講を媒介として、広域の商人組織としての連帯を固めています。文化十五年議定書に連署している庭見世商人は、東松山市四四九人、滑川町一六四人、川島町三三人、吉見町十七人、嵐山町二六人、坂戸市十一人、大里町一〇人、合計七一〇人になっています。東松山市の商人が多いのは当然のことです。

一般の農家では松山の市で何を買ったかというと、幕末の近郷の農家の場合、農機具・小間物・食品・織物等多岐にわたり買っています。農家では市日には、農産物を売る場合もあったようです。

内見世の場合、忙しい市日には市日専門の奉公人を頼んでいました。通常は家族労働でなんとか切盛り（きりもり）を済ましていたようでした。

⑭松山の本町通りの商業活動の中心業種をどんな業種だったのですか。

江戸時代の業種は資料がないので分かりませんが、江戸時代の町の形態を色濃く残した明治三十五年の「埼玉県営業便覧」により傾向を見ることができます。

四ツ角を中心に北側が日吉町、本町一丁目、本町二丁目になり、南側の現在の駅入口付近までを本町三丁目本町四丁目になっています。各町内の業種別にみた商業内容を表にまとめました。

	日用品雑貨	染め物	呉服	糸繭	穀物	穀物糸繭	旅人宿下宿	料理飲食	その他	合計
日吉町	12	3		1					2	**18**
本町一丁目	11			2	5	1	1	5	8	**33**
本町二丁目	14				4		1	2	9	**30**
本町三丁目	10		2				3	1	2	**18**
本町四丁目	16			3	6	3	2	3	13	**46**

日吉町、本町一丁目、二丁目が初期の頃の市の中心地域でした。日吉町の近くにあった簗本（やなもと）町が戦後の地名改正で姿を消したのは残念でした。ここは上沼から流れ出した川が市野川に合流するまで蛇行を繰り返していた時代に、魚を捕る簗（やな）が仕掛けられた場所です。本町三丁目、四丁目は江戸中期以降発展してきた商業地ですので、時代の要請による新しい業種が付け加わっております。

日用品雑貨の業種は、すべて本町にあります。市はこれが基本ですので、当然のことでしょう。上沼は湧水が豊富に湧き出していて、その湧水を使い日吉町では染物業が盛んに行われていました。今でも古い看板に染物の文字を見ることができます。

呉服商は五軒で、本町二丁目と材木町に集中していました。

糸繭商は明治三十五年で十七軒を数えました。繭の出荷時だけの仲買人も多く、これらの人を加えると大正から昭和十年前後には町全体で百八十人に達していました。

松山の市の特徴は、米の取引が多かったことです。吉見・大里・神戸・高坂という良質な米を生産する地域を控えて、米穀商はその地域から米を買入れました。明治末から大正にかけて輸入米、他県米を仕入れました。販売先は、当時木材・建具、和紙・裏絹で景気のよかった小川、越生、都幾川方面が中心でした。東上線の開通とともに川越、東京方面まで販路を拡大しました。米穀商が多いのが一丁目、二丁目四丁目で、明治以降新しく加わった糸繭業を兼業として加えたところが多いようです。

⑮横町に当たる材木町は、材木商が多い町ですか。

明治三十五年の「埼玉県営業便覧」に依りますと、四ツ角から城恩寺（昔は鍵状の道路の突当たりにあった）までの通りは本町通りの延長に当たり、本町通り類似の業種で占められていました。

業種	店数	業種	店数
日用雑貨品	22	穀物	4
材木業	6	料理・飲食	7
木炭販売	2	その他	36
鍛冶等職人			
合計	83		

材木町通りで最も多い業種は日用品雑貨です。本町通りから外れている関係から、場所を比較的必要とする材木業者が比較的集中しています。関連業種として、木炭販売業者とか鍛冶・経師（きょうじ）・棒屋（農具の柄、荷車の車輪の棒等をつくる）とかの職人が多く住んでいました。運送業、洋灯販売、旅籠等の明治以降出現した新しい商品を販売する店も多くなって

います。

⑯日吉町の由来について説明して下さい。

元来きれいな水に恵まれていた町で、染色に関係した職人が多く住んでいました。職人が信仰していたのが山王大権現（通称山王様）です。明治初年廃寺になった真福寺の境内にあった神社で、明治に入り真福寺の管理を離れ、社号も日枝神社と変わりました。

日枝神社は中世の代表的な神道の一つで、天台宗系の神社です。山の神を祀る神社で、水の守り神でもあったわけです。日枝神社は日吉神社とも呼ばれ、町名も日吉町になったものと思われます。

松山神社の境内社である八雲神社の夏祭

日枝神社

八雲神社

が天王祭、同様に境内社の大鳥神社の例大祭がお酉様になっています。

⑰また、小松原町、砂田町の由来についても説明して下さい。

小松原町砂田町も日吉町の東部地域にある町で、市街地の新しい拡張部分です。この地は市野川の右岸に当たり、「こ（小）・まつ（町）・はら（原）」、「すな（砂）・た（田）」で、川が堆積した砂質土壌の土地に付けられた地名です。小松原町は小さい松が生えていたので命名された地名かも知れません。

⑱松山を通る八王子街道、それに交差する鴻巣・小川道がそれぞれ松山の市に入る箇所に、道路の曲がりがあります。城下町に見られる防衛的の機能と同様に考えていいのでしょうか。

慶安年間（一六四八～一六五二）に八王子街道を整備するときに、この様な道路様式をとったものと思います。鴻巣・小川道もその道路様式を模倣したものでしょう。

八王子街道は北は上沼に沿ってなだらかな曲がりを示しています。南は下沼の場所で、旧道が現在でも残されています。鴻巣・小川道は東は本宿、西は横町の旧城恩寺のところです。

八王子街道の四ツ辻の少し北東側に同心町がありました。川越藩は市場統制上同心町を設けたものと思います。なお、同心とは、川越藩の下級武士で警備及び罪人の逮捕、処刑等を行っていた人たちのことをいいます。なお、南の五差路のあたりを昔は五軒新田と呼んでいましたが、このはずれに罪人の処刑場がありました。処刑場付近に地蔵があり、通称「首切り地蔵」と呼んでいました。

⑲下沼近くに経塚（きょうづか）という地名がありますが、経塚とはなんですか。昔経塚の上にあった石碑が清政（せいしょう）公さまの御堂の傍らに移動した経緯について説明して下さい。

下沼の南に経塚という地名があります。経塚は平安時代の流行した末法（まっぽう）思想に基づくもので、仏教経典を書写し、仏法滅亡後の経典の消滅に備えて地下に埋納し、その上に小さい塚を築きました。経塚は各地にあり、野本の将軍塚の上にも経塚がありました。

『風土記稿』には、「塚の幅三間四方、高さ九尺、塚の上に上田能登守朝（とも）直（なお）が建し元亀二年（一五七一）の碑あり」

お堂の傍らにある石碑

と書かれています。経塚が江戸時代に壊され、石碑が半ば土に埋まったままであったのを、昭和十三年（一九三八）「清政公」の御堂の傍らに移しました。

この石碑は、後北条氏の時代の二代上田能登守朝直が命を捧げてくれた一族や将兵の冥福を祈り建立したものです。天正十八年（一五九〇）秀吉の小田原攻略のときに、上田上野守憲定（のりさだ）は小田原落城後父の墓前に行き、今回の敗戦を詫び、経文をこの石碑の下に埋めて、東秩父浄蓮（じょうれん）寺の妻子のもとに落ちのびて行きました。

清政公様

⑳東松山市役所正面玄関東に「前橋藩松山陣屋跡」の石碑がありますが、松山陣屋とはどういうものですか。

御指摘の石碑は、昭和五十四年六月に松山陣屋研究会が市役所正面玄関脇に建てた「前

橋藩　松山陣屋跡」の石碑かと思います。

ア．松平大和守家の前橋藩への移城

松山地方は幕末川越藩の所領でした。松平大和守朝矩（とものり）が明和四年（一七六七）川越藩主になってから慶応三年（一八六七）に松平大和守直克（なおかつ）が前橋藩主になるまでの百年間、川越藩主として松平大和守家が君臨していました。

川越藩は江戸湾防備を忍藩と共に分担し、その為に数十万両の借財を抱え、藩財政は窮乏の極に達していました。松平大和守家は、こうした藩財政破綻打開の道を当時生糸の取引で莫大な利益を得ていた前橋商人の財力に依存するために、利根川の氾濫で廃城となっていた前橋城の再築と移城を幕府に許可を求めてきましたが、文久三年（一八六三）許可が出て、慶応三年（一八六七）移城が完了しました。

イ．武州松山への陣屋新設の理由

松平大和守家はこの川越から前橋への移転に伴い、武蔵国に百六十三か村、石高六万千八百二十二石の飛地が残されることになり、この統治のために武州松山に陣屋が造られることになりました。武州松山が陣屋の適地として選ばれた理由は、次のようなこと

が考えられます。
①前橋藩武蔵飛地のほぼ中央に位置し、比企郡だけでも六十八か村の領村が集中していました。
②武州松山は領村の中では戸数四百余戸、人口千六百余人と比較的多く、陣屋の藩士を支える基盤ができています。
③松山は前橋より川越を経て江戸に至る街道と、八王子街道、鴻巣から秩父方面の街道という三街道が交差しています。
④江戸周辺の不穏な動きに備えて、松山に兵力、武器等を備えて置くのに便利でした。
⑤松葉町一丁目が陣屋の場所として選定されました。この地は町の中心部から近く、畑地で障害物が少なく、建設に容易でした。

ウ．用地の確保と陣屋仮役所の開設

前橋藩が必要とした陣屋面積は、八町八反四畝四歩半、現在の単位で表すと八万七千五百三十平方メートルです。これらは総て松山の町方役人、町方町人の寄付に依りました。

慶応三年の二月から三月にかけて、前橋藩の一行が松山に来て、町役人宅、商家、寺院等に分宿して役所の開設を準備し、早速業務を開始しました。同時に、陣屋敷地の整備、空堀（からぼり）・土塁等の土木工事を進め、陣屋役所をはじめ内陣屋、外陣屋の建築を始めました。工事開始から五か月余りで、全ての建物が完成して、慶応三年八月に松山陣屋が発足しました。

慶応三年十月徳川慶喜将軍が大政を奉還しました。慶応四年で松山陣屋の役割は終了しました。

市役所正面玄関東の石碑

㉑陣屋の構造について説明して下さい。

現在の武蔵野銀行の四ツ角を起点として、北に西に約二二〇メートルの大体正方形をなしている地域が内陣屋です。その南東隅の武蔵野銀行辺で約五〇メートル四方の広小路といわれる広場がありました。その西に小川道に沿って長さ約一五〇メートル、幅約一五メートルの表馬場があり、これらを除いて幅約七メートルの堀とその内側に幅約八メートルの芝土手が巡らされ、堀の外側には幅六メートルの道路がありました。

広小路の北西隅に橋があり、これを渡って表御門、それを通って北に二〇メートルの所に御殿があり、さらに北約五〇メートルのところに役所がありました。偶然、現在の市役所庁舎あたりです。

小川道を挟んで南側が外陣屋です。左の陣屋の配置図を参照して下さい。

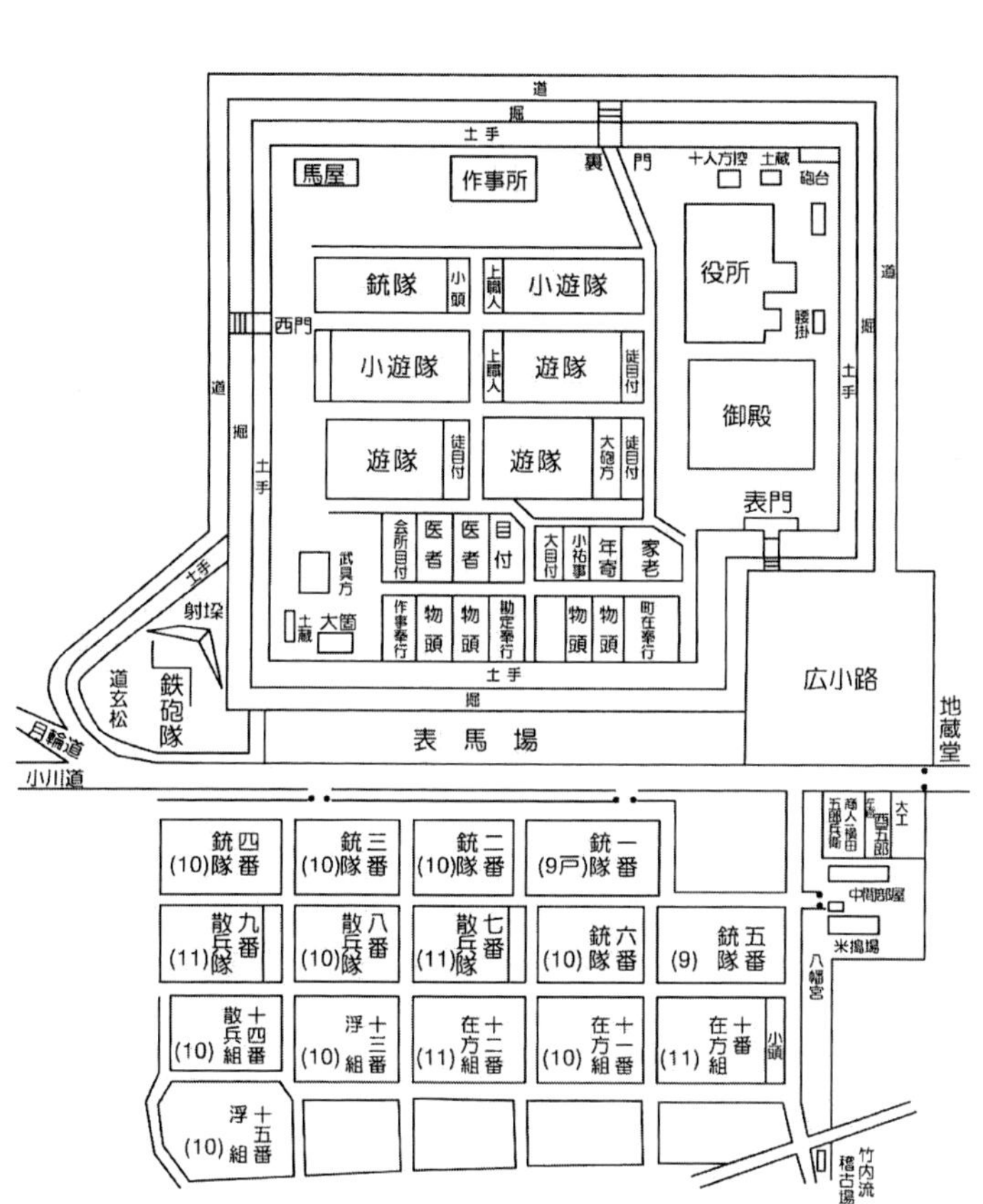

㉒松山第一小学校は陣屋の中にありますが、陣屋と関係があるのですか。

川越藩主松平斉典（なりあき）は、学問の大切さを痛感して江戸の藩邸、川越、前橋に文政十（一八二七）年に藩学である講学所を設立し、自ら筆をとって「博諭堂（はくゆどう）」の扁額（へんがく）を川越城の大手門の講学所に掲げました。

「博諭堂」の名の由来は、『礼記（らいき）』の「学記」篇の「君子知至学之難易、而知其美悪、然後能博喩、能博喩然後能為師」から引用しました。この一文は「君子は学に至るの難易を知り、而して其美悪を知り、然る後に能く博く喩る（よくひろくさとる）、能く博く喩りて然る（しかる）後能く師と為る（なる）」と読みます。学問の大切さを説き、広い知識を持つことが大事であるという意味です。

前橋藩の松山陣屋が置かれることになった慶応四年（明治元）に、藩校講学所を松山に設置しました。明治六年（一八七三）城恩寺を校舎とする松山学校が出来るまで続きました。学科は和・漢学、算数、習字が主であって、『日本外史』及び『孫子読本』は重要なテキストでありました。教授陣としては、一戸井田眞太郎（研斎）、石田秋景、久保木鉄太などで、学生は藩士の子弟が中心でしたが、藩士の縁故者及び領分外の子弟も入学を許可され、学生数は百名にもなりました。

その後、明治五年学制発布され、松山学校が成立しました。明治七年松山学校を東西に分け、松山東小学校、松山西小学校と称し、前者は平民の子弟を対象に城恩寺を校舎に充（あ）

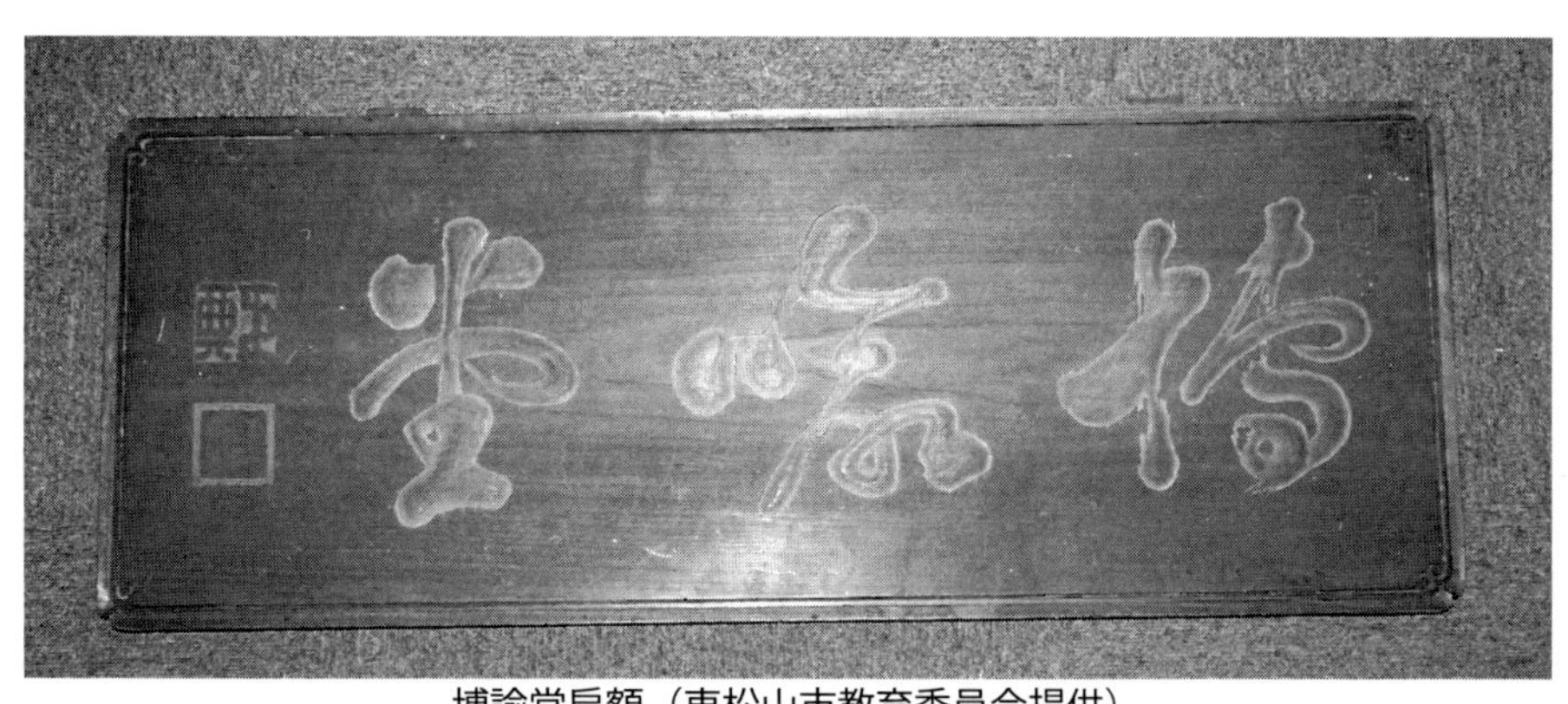
博諭堂扁額（東松山市教育委員会提供）

て、後者は士族の子弟を対象に陣屋の民家を充てました。

明治九年（一八七六）東西両小学校を統一して松山学校が再び出来ました。

松山学校の伝統を受け継ぐ松山第一小学校には、「博諭堂」の扁額と川越藩主松平斉典直筆の掛軸がありますが、川越の藩学の講堂にあったものを戸井田研斎がそのまま写し、松山藩校講学所に掲げたものです。

㉓内陣屋の西隅にある八幡神社は、陣屋の鉄砲場跡に建立されたものであるということを聞いたことがありますが、本当ですか。

この八幡神社は、播磨国姫路城時代から松平大和守家と共にある神社で、社伝によると、寛文七年（一六六一）藩士が姫路の男山に社殿を建てたところから、「男山八幡」と呼ばれ、藩士から武神として厚く信仰されていました。

松平大和守朝矩（とものり）が姫路から前橋に移封された寛延二年

八幡神社拝殿（右）と同境内にある鉄砲場跡碑

（一七四九）、当社も前橋に移動して来ました。ところが利根川の乱流により前橋城の一部が破壊したので、明和五年（一七六八）川越藩に移り、明和六年前橋城を廃城にしました。

松平大和守家の移動に伴い前橋、川越と移動してきた八幡神社は、松山陣屋の建設と共に五番銃隊の傍に祀られました。明治四年（一八七一）の廃藩置県後陣屋が廃止されたため、同じ陣屋内の鉄砲場跡に移されました。

なお、陣屋に居住していた士族山田鏗（こう）次郎が明治十年の西南戦争に出陣し、別動第三旅団上田隊の軍曹として活躍しましたが、肥後国出水で戦死しました。その霊を慰め、功績を讃えるため八幡神社境内に招魂社（昭和十四年護国神社と改名）がありましたが、現在は本殿に合祀されています。

この項に関しては、川越藩の士族喜多平四郎の

『征西従軍日誌一巡査の西南戦争―』（講談社学術文庫）が参考になります。

㉔松山陣屋が設置されたことがその後の松山の発展に影響を与えましたか。

戸数四百戸台の松山の町に慶応三年（一八六七）二五八戸の藩士が川越から移住して来たので、松山の町の発展に大きな影響を与えました。

明治八年の松山の戸数八一七戸中士族一九二戸、実に松山の四分の一が士族であった訳です。人口は三五一四人中、九〇四人を占めています。

明治年間の松山町長及び松山第一小学校長にも士族出身者が数人ずつ就任し、産業面でも明治十二年（一八七九）に出来た松山製糸会社は十二名の前橋藩士族が設立しました。

松山地区（東松山市発行東松山全図１万分の１地図を使用）

市ノ川
松山町
加美町
日枝神社
松山陣屋跡碑
日吉町
八幡神社
市役所
上沼
八雲神社
松葉町
箭弓町
本町
荷橋
美土里町
福聚寺
市立図書館
下沼
箭弓稲荷神社
和泉町
東松山駅
清正公御堂
神明町
幸町
上野本
若松町
下青鳥

二、野田（のだ）

概観

野田は山間の湿地の意味です。丘陵の末端部に滑川及びその支流によって造られた山間の農耕地からなり、東松山市の北部に位置しています。開拓は文亀二年（一五〇二）長谷部家の先祖である右内晴信（うないはるのぶ）が草分けに入植し、永正年間に集落が成立しました。大谷が早くから開発されているのは、谷田の存在があったからです。永正二年（一五〇五）一月四日、松山城主上田長則（ながのり）より「野田」という村名を頂きました。長谷部家の守護神として赤城大明神を祭り、後にこの神を野田村の鎮守と定め、社殿を建設しました。この神社の夏祭り・秋祭りの時に奉納される獅子舞が「座敷獅子」ともいわれ、市の文化財に指定されています。

滑川以北の地は大谷に続く斜面で、西谷の上流部に溜池を造成した沼を近くの寺名を取って西明寺（さいみょうじ）沼（西沼）と呼んでいます。江戸中期（宝暦八、九年）に地内原野よりの水を溜める新沼ができました。

西明寺沼が出来ることにより、大谷の各村からの移住が進み、新村ができました。その集落を下野田といい、元の野田を上野田と呼ぶようになりました。

赤城神社

西明寺沼

①西明寺沼（西沼）に対して西野、東野に分かれています。東野に版行場と呼ばれる場所があります。版行場とはどのような場所ですか。

「はんぎょう」とは印形（いんぎょう）のことで、印の押されたお触れ書きが掲示された場所を言います。この場所が野田の中心であったのでしょう。

②後田に「流れ」といわれる場所がありますが、どのような場所ですか。

「流れ」とは川の流れの意味で、大谷耕地の流水を分けて貰い耕作している地です。近くに鬼田と呼ばれる水田があります。水はけが悪い土地に付けられた地名です。耕作しづらい水田は、荒々しい鬼のしわざの結果と昔の人は考えました。

③野田橋の近くに「はれた（晴田）」と小字があります。どのような意味を持っているのですか。

「はれた（晴田）」の「はれ」は、バレル（破）の清音化したもので、破堤したために荒れた水田と意味です。

滑川に架かる野田橋

丁度この辺で滑川が曲がるところで、破堤しやすい箇所です。

④小字桜田は桜の木の多い場所ですか。

「さくらた（桜田）」の「さくら」は、サ（狭）・クラ（剥）の意味で、この場所は地形上狭くなっている意味です。

⑤赤城神社の獅子舞について話して下さい。

赤城神社の獅子舞は市内の獅子舞の中では特徴があり、昭和五十五年（一九八〇）に市指定民俗無形文化財に指定されました。獅子頭を格納した箱には、寛永十二年（一六三五）と書いてあります。獅子頭は雄（お）獅子、雌（め）獅子、大頭（だいがしら）からなり、桐材でできています。獅子舞は、神社の夏祭り（七月十五日）、秋祭り（十一月二十三日）に奉納されています。最近は、夏祭り、秋祭りの直近の日曜日を祭りの日を設定しています。舞は「獅子元の庭」と「宮の庭」からなり、装束の形式から「座敷獅子」と呼ばれています。

⑥西明寺薬師堂について解説して下さい。

萬照山西明寺は曹洞宗のお寺で、市ノ川の萬松山永福寺の末で本尊は阿弥陀如来です。

開基は野田の草分け長谷部右内晴信で、永正十六年（一五一九）分家した次男の屋敷の小高い裏山に草庵を建て、長谷部家の守り本尊の阿弥陀如来を安置して西明庵としました。

その後、百数十年、三軒の長谷部家で維持してきました。長谷部家八代目の時代、萬松山永福寺十三世眠国寿鶴（みんこくじゅかく）大和尚が西明庵を基礎に新しく寺を建立し、萬照山西明寺として本尊も新しく安置し、境内に別堂を建て前からある阿弥陀如来を安置しました。明治中期その阿弥陀如来像は長谷部家の仏壇に安置するようになりました。境内に薬師堂が、江戸時代中期に秋葉堂も建立されました。この薬師堂は中武蔵六十九番札所で、花鳥の描かれた天井がすばらしかったといいます。

西明寺

⑦小字野放（やばなし）は地名にどんな意味があるのですか。

「やばなし」の「や」は、ヤツの意味で湿地を意味します。「やばなし」は水はけが悪い湿地の場所を表現しています。ここには「つるまき」という一ヘクタール程の土地がありますが、「つる」は鶴の首のように川が長く曲がって流れるところをいいます。

ここには昔よりのいいつたえがあります。昔はタニシがいて鶴が飛んできておりました。殿様が狩りにきて山の上から弓で鶴を獲ったそうです。そこから、鶴牧になり、牧が巻になって鶴巻の地名ができたといいます。

⑧小字前原に賢悦金駄神（けんえつきんだ）という石碑があります。この石碑はどのような伝説がありますか。

慶安年間（一六四八～五二）名主の長谷部茂兵衛のところに一人の六部（ろくぶ）が宿を求めてきました。茂兵衛は気の毒に感じ、六部を家に置いてやり、六部も子供達に学問を教えたりして、村人に慕われていました。ところが三年程たつと、六部に悪い病気があることが分かり、村人が茂兵衛に申し入れて六部に村から出て行って貰いました。しかし、何度追い出しても、六部は村に戻ってきてしまいました。

遂に、六部は思い出の多い長谷部家と共に昇天してしまおうと考え、長谷部家に放火しました。六部は火の中に飛び込んで自殺しようとしましたが、それもできず放火の犯人として捕らえられ、火あぶりの刑に処せられました。その時に「自分が学問を身に付け賢かったことが無上の喜びであり、金は有難いものであるが、人の心は金では買えない。自分を賢悦金駄神として祀って頂けるなら、村人の悩んでいる病気を治すことを約束しましょう」と言いました。村人はその通りに賢悦金駄神という石碑を立ててやりました。以来賢悦金駄神の石碑は風邪の神様として信仰されてきました。

なお、六部とは正式には法華経六十六部を書写して、全国六十六州の霊場に一部ずつ奉納する廻国の修行者を言います。江戸時代には、六部の名で物乞いをする者もいました。

三．東平（ひがしだいら）

概観

江戸時代は平村と称していましたが、明治十二年比企郡役所ができてから現在のときがわ町の平地区と混同する恐れがあるということで、東平村としました。そして、明治二十二年野田、市野川と共に松山町と合併しました。

東平は滑川と市野川に囲まれた丘陵の末端面にあり、東部は吉見丘陵に接しています。水田は両河川の周辺にある程度で、野田と同様に溜池を利用している場所もあります。東部の丘陵地が昭和四十年以降開発され、多くの民間団地があります。

①東平地区を代表する特産物「梨」の栽培の歴史について、説明して下さい。

東平の南増五郎さんは、明治十年（一八七七）三十八歳の時、生来の飲酒好きでまわりの人達に非常な迷惑をかけていましたので、群馬の太田の呑竜（どんりゅう）様に願を掛けて禁酒をしようとして太田を目指して歩いていました。その時熊谷北部の肥塚（こえづか）の梨の剪定（せんてい）作業を見て梨の栽培に興味を持ち、旧態依然たる自分の農業経営を反省して、新しい果樹経営を農業の中に取り入れることを決意しました。

当時群馬県前橋町の「大島梨」が有名でしたので、大島部落に行き栽培方法等を教えて貰いました。

南さんは五〇アールの畑に、「赤竜」・「太平」・「長十郎」の苗を植えて梨の栽培に踏み切りましたが、当時は剪定が未熟で、栽培法も幼稚であったので、十年間は全くの無収入でした。

既に禁酒していた南さんは、粗放的な大規模園では病虫害予防の面で不利であるとの判断から、五〇アール以下の経営面積に縮小して行きました。

試行錯誤を繰り返すうちに、梨の栽培方法も次第に会得（えとく）してきました。そして、梨で収益が見込めるようになりました。二貫目入りの梨籠が七～八〇銭以上の相場になり、松山市場に出荷すると十アール当り一五〇～一六〇円になり、初めて普通の農業よりも梨栽培が有利であることが実証されました。

「桃栗三年柿八年　梨の馬鹿めは十八年」といわれています。非常な努力で明治四十年

東平にある梨園で梨狩りを楽しむ子どもたち

（一九〇七）頃から梨園経営は最盛期に入り、東平の梨の評判も高くなってきました。

松山市場も勿論のこと、忍市場、鴻巣市場、小川市場、川越市場等へも出荷しました。

このような中で、梨園経営に踏み切る農家も続出して東平だけで二〇ヘクタール以上の梨園が出現しました。この風潮は比企郡の各町村まで及び、一時期は三〇〇戸の組合組織結成というところまで発展しました。

この傾向に行政側が乗り切れず、指導機関も十分整備しきれず終わってしまいました。日本の農村に吹きまくった養蚕ブームに押しまくられ、梨畑を桑畑に転換する農家も相次ぎ、その養蚕業も戦後衰えて桑畑が普通畑に再び戻されました。

梨園も発祥地の東平に残るのみとなりました。栽培農家数は二十軒、栽培種は「彩玉（さいぎょく）」・「豊水（ほうすい）」・「幸水（こうすい）」・「新高（にいたか）」を栽培しています。

東平の丘陵末端の排水のよい地形と栽培農家の努力が今日の繁栄をもたらしたものと思

います。毎年十一月に開かれているスリーディマーチの三〇キロのコースの際、北地区市民活動センターで生産者の好意で梨のサービスがありますが、国内のウォーカーには勿論のこと外国人のウォーカーにも「東松山の梨」は好評です。

県内の梨の生産量は、日本全体の七位で一万六千トンです。県内の生産地は、さいたま市大宮、上尾市、伊奈町に次ぐ四位の生産が東松山市です。（統計は二〇〇三年）

②平という地名の由来について説明して下さい。

平地名は、平家落人が住み着いたという説、地形的に傾斜のある地から平坦な所に出た所に付けられたという説に分かれます。当地の場合も前者の言い伝えもありますが、後者の地形説の方が説得力があります。

③熊野神社の由来の伝説について説明して下さい。

覚性寺の古文書『蘭若前録（らんじゃくぜんろく）』（内題『当山来由旧記』）によると、天慶三年（九四〇）平将門を追討するため都を発った藤原秀郷（ひでさと）は、上州碓井（うすい）峠まで進んだ頃不思議な夢をみました。それは南の方にたなびく紫雲を尋ねて行くと、そこで一人の老翁から紀州熊野三社を祀り、その神徳を頂いて戦えば、汝は朝敵を必ず滅ぼすことができ、子

熊野神社

孫は世々繁栄するであろうと告げられました。

翌朝秀郷は遥か南方に紫雲がたなびくのを見ました。そこを尋ねて行くと、一株の松の根元から紫雲が沸き上がっていて、これこそ神のお告げと秀郷は持っていた鏑矢（かぶらや）を立てて熊野三社をお祀りしました。」それが当社です。

秀郷は乱平定後、神恩に報いる為伽藍（がらん）を建立しました。戦国時代松山城の落城に伴い、神社も兵火に罹ったものの再建され、東平の鎮守として『風土記稿』の中にも記載されています。明治四十一年（一九〇八）地内の七社が合祀されました。

④覚性寺も藤原秀郷が草創したという言い伝えがありますが、説明して下さい。

覚性寺の前掲書によると、天慶三年（九四〇）藤原秀郷が草創し、開基は観修寺別当済高大僧都であるといいます。天正年間兵乱のため焼失し、慶長八年（一六〇三）再建された伝えられています。

新義真言宗の寺で、妙義山瑠璃光院（るりこういん）と号し、阿弥陀如来が本尊です。境内の薬師堂の本尊は天慶三年東平の熊野山の松の根元で見つけられたといわれ、初めはそこにお堂が建てられ、その後真南のバンバに移動し、後に現在地に移されたといいます。

覚性寺薬師堂

薬師堂近くの石碑

⑤岩花（鼻）という地名はどのような土地ですか。また、ここにある運動公園との関連がありますか。

岩鼻という地名は、基盤の岩石が鼻状に突き出している場所という意味です。滑川がそのために東の方を迂回しています。

岩鼻運動公園内にある東松山陸上競技場は立派な施設ですが、概要を説明します。

敷地面積四万二千平方メートル、うちグランド面積二万平方メートルです。トラックは一周四百メートル、八レーンで全天候ウレタン舗装がなされています。インフィールドは高麗芝（こうらい）が張ってあり、サッカー用コートとしても利用できます。芝生スタンドは収容人員三千四百人です。鉄筋コンクリート二百十六平方メートルの管理棟もあり、シャワー室、トイレも完備されています。

東松山陸上競技場

基盤岩が地表面近くにある場所ですから、運動施設としては最適な場所でしょう。

⑥昔の「ひきずり餅」という民俗習慣が復活しているということですが、それについて説明して下さい。

「ひきずり餅」ということが幕末に始められ、明治・大正時代に盛大に行われ、昭和十年ごろから一時中止していましたが、戦後復活して老人会や商栄会の人々が東平の祝いの席等で行っています。

昔、「ひきずり餅」は長男の帯解(おびと)き祝いに親戚や隣組の人々が呼ばれ、印半纏(はんてん)に浴衣の尻っぱしょり、手拭いの鉢巻きで股引き、草履ばきというういでたちで行いました。

朝十時ころ、祝いの家の庭で音頭取りの歌声に合わせて一臼ついて、そのお餅を皆で食べて、次に臼の下に畳を敷いて子供達に綱をつけた臼を引かせ、練りながら熊野神社まで行き、参詣します。神社の境内で三本杵(きね)や大杵でついて、お餅を神に供え、集った人々にも分けて祝ってもらいました。なお、東平の大きな辻や大字の境付近まで行き、通行人にもお餅を振舞いました。

⑦岩鼻運動公園近くに「親和農場跡」の石碑がありますが、「親和農場」とはどんな農場ですか。

親和農場は、東平出身の南興之（よし）さんという方が戦時中食料増産のためにつくった農場です。南興之さんは水戸高・東京帝国大学卒業のエリートで、勤めを辞め、同志を誘って二町歩程度の農場をつくりました。七、八軒の農家が三班編成で農作業に従事しましたが、農場も戦後挫折しました。

南興之さんは衆議院選挙、参議院選挙にしばしば出馬しましたが、その度に落選しました。政治家には向かなかったのでしょう。その目指す理想が実現できず、松山としては残念なことでした。

当時の入植者の中二軒が残存しています。その一軒のご子息が医師になり、現在鋤柄（すきがら）病院として繁盛しています。

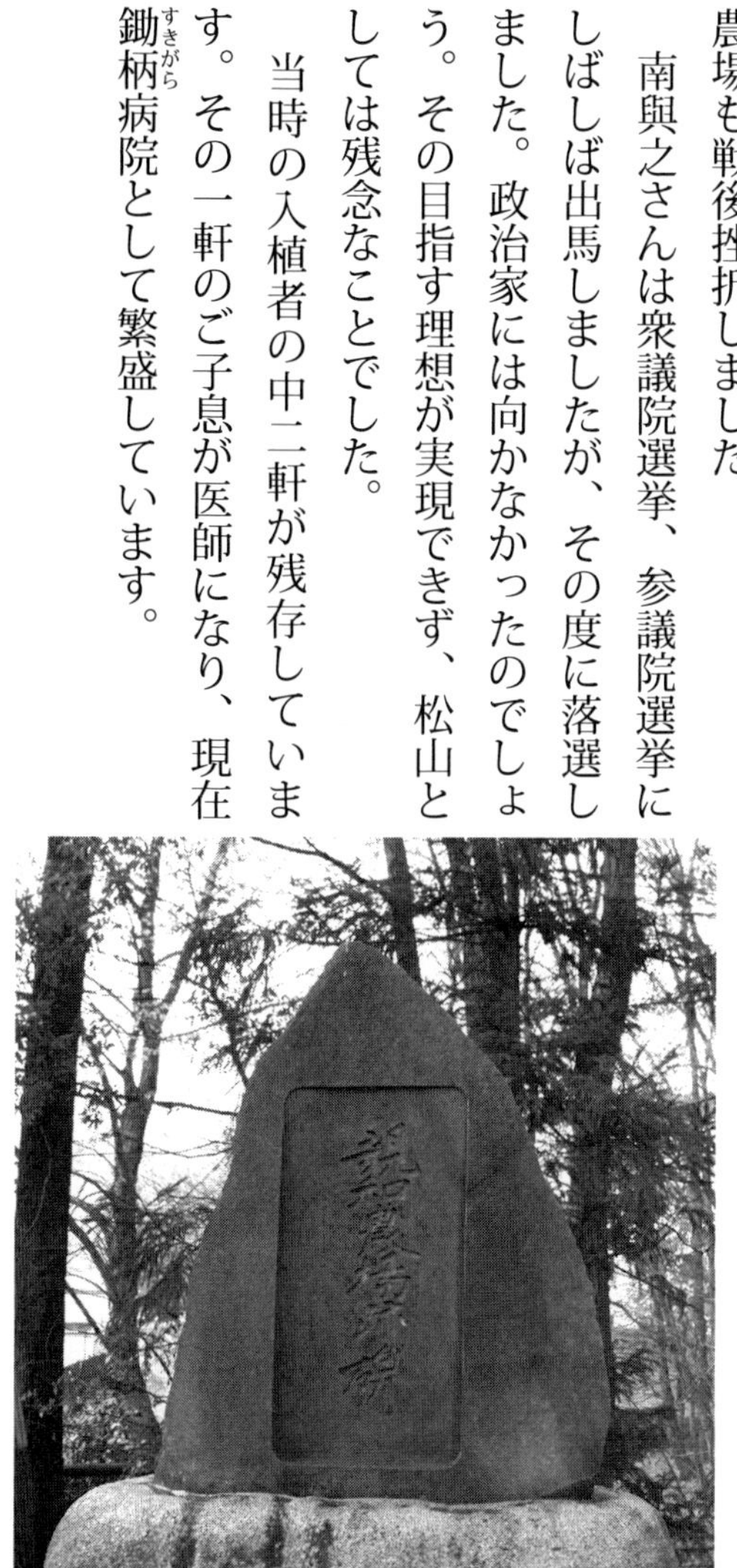

現存する親和農場跡の石碑

四．市ノ川（いちのかわ）

概観

この集落の中を通る川の名前から集落名にしました。川の周辺に広がる水田とその背後にある台地から構成されています。昔から用水が不便な土地でした。文化八年（一八一一）松山町とともに川越藩領になりました。

①耕地が西耕地、中耕地、東耕地に分かれ、川が蛇行している場所を袋田という小字が付いています。袋田という地名について説明して下さい。

川の蛇行のために文字通り袋状になっている土地に付けられた地名です。

②「おいだ（負田）」という小字はどういう場所ですか。

「おいで」が詰まって「おいだ（負田）」になったのではないでしょうか。「いで田」は、用水路が発達している水田という意味です。用水路の水が市野川に流れ込む場所が「内手」といいます。

氷川神社（市ノ川）

③氷川神社は水害の多い場所に勧請される場合が多く、氷川神社とこの辺の水害について説明して下さい。

氷川神社の別当は永福寺で、天文二十二年（一五五三）四月一日の『北条家印判状』によれば、「武州市川永福寺」に「寺内門前一切不入事」、「寺領致作士貢」などを安堵しています。この永福寺は永正五年（一五〇八）の草創と伝えられています。

言い伝えに依りますと、当初は「もとぴか（元氷川）」と言われる現在地よりも北側三〇〇メートルの地に祀られていましたが、ある年の大風で同社の白幣（はくへい）が飛び去って今の地に落ちたことから、氏子の総意で移転を決めたといいます。

④永福寺と寺に伝わる河童の詫び証文についての言い伝えを話して下さい。

萬松山永福寺は曹洞宗通手派の寺で、永正五年（一五〇八）の草創で開基は北条左大夫氏直で、寺紋は後北条氏の紋です。

この寺に河童の詫び証文があったということですが、今はないといいます。その言い伝えは次の様なものです。

ある日の夕方市野川のあたりから「助けてくれ」と声が聞こえました。そこで、付近の百姓衆が声のする方へ行ってみると、馬が川の深みに入ってしまい、ずるずると川の中に引き込まれていました。百姓衆が何人かで力を合わせ馬を引き出したところ、馬の後足に河童がしがみついていました。百姓衆がこの悪戯をしていた河童を棒で打ちのめしているところに、永福寺の住職が通りかかりました。住職の取りなしで百姓衆のお仕置きは終わりましたが、住職は寺に河童を連れていき、「今後このような悪さを絶対にしません」という詫び証文を書かせました。さらに河童はお詫びのしるしに近くの草むらに井戸を掘りました。この井戸の水はそれ以来、日照りのときにも水枯れをせずに沸き出しています。

⑤行田街道について話して下さい。

北地区市民活動センターと松山第二小学校の裏を通る街道を、行田街道と呼んでいました。この街道は、菅谷（すがや）方面から市ノ川を通り八王子街道に合流し、小八ツ橋を抜け、荒川を渡り、行田に行く街道でした。この街道は、江戸時代には年貢米等を荒川を使い運ぶために使われました。

⑥加美町地内の区画整理事業に伴う宅地造成のための発掘調査が行われていました
東耕地三号墳から、鉄製の短甲（たんこう）が出土発掘されたことを聞きました。
短甲とはどんなもので、何に使ったのですか。

東耕地三号墳は、北に市野川を望む台地上にある古墳です。古墳の築造年代は、五世紀後半ころと推定されています。この短甲は、薄い鉄板を組み合わせ、鉄鋲で留めてつくられた横矧板鋲留短甲（よこはぎいたびょうどめたんこう）の中でも古い形式のものとされています。短甲とは、古代の武人が身を守るために付けた現在のチョッキみたいな武具のことです。大きさは、最大幅四六センチ・最大高さ四三センチです。

県内の短甲の出土は、伝承も含め三例しか確認されておらず、正式な発掘調査により発見されたのは初めてです。遺体は、穴のまわりに粘土を敷き詰めた粘土柳の中に、木の棺に納めて安置されていました。棺の中には、短甲・太刀・刀子（とうす）があり、棺の外には矛（ほこ）・鎌・矢じりなどが出土しています。

短甲は当時強大な勢力を持っていた大和政権により作られ、この地にいた有力者に与えられたものと推定されます。

東耕地３号墳出土短甲（東松山市教育委員会提供）

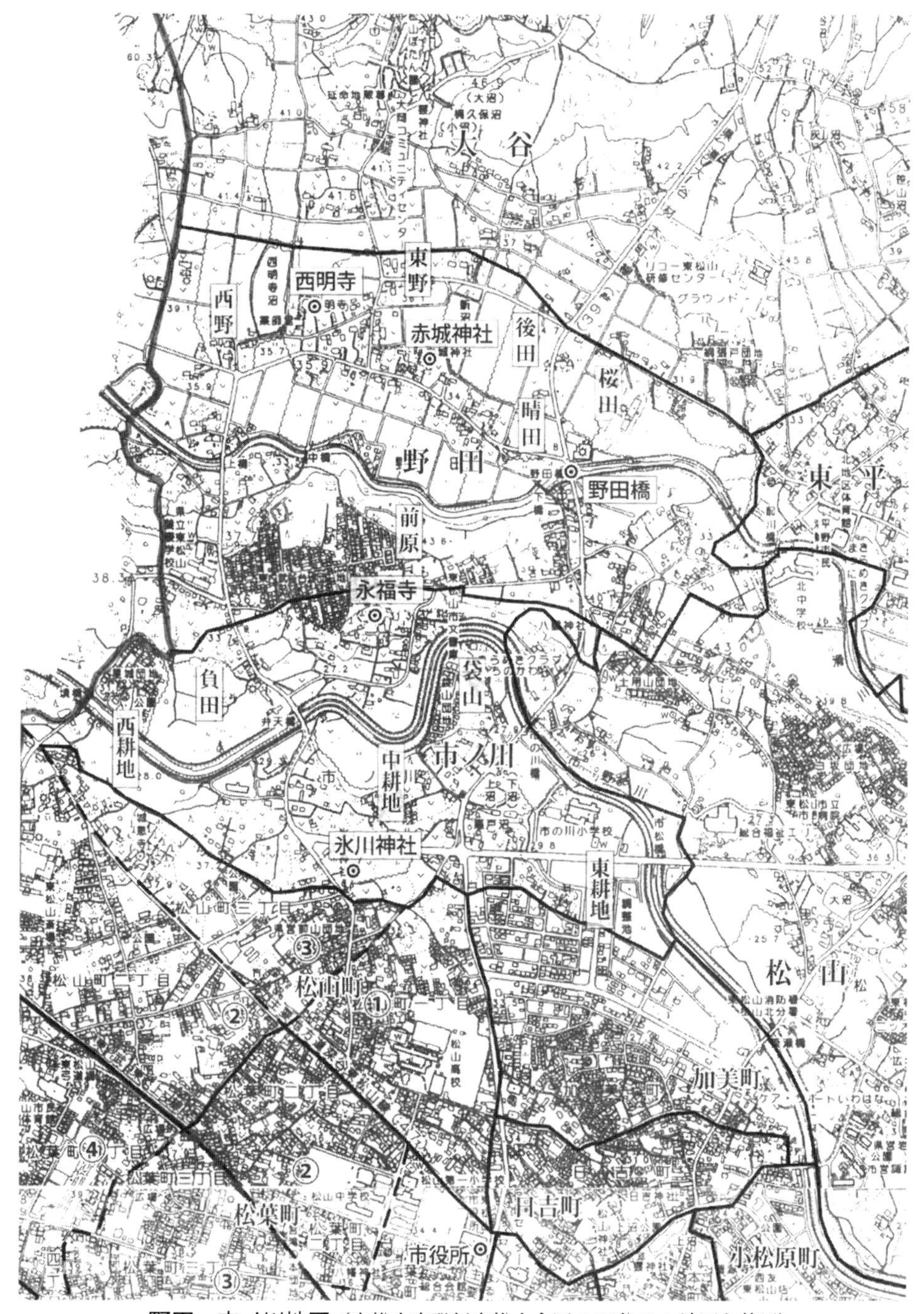

野田、市ノ川地区（東松山市発行東松山全図１万分の１地図を使用）

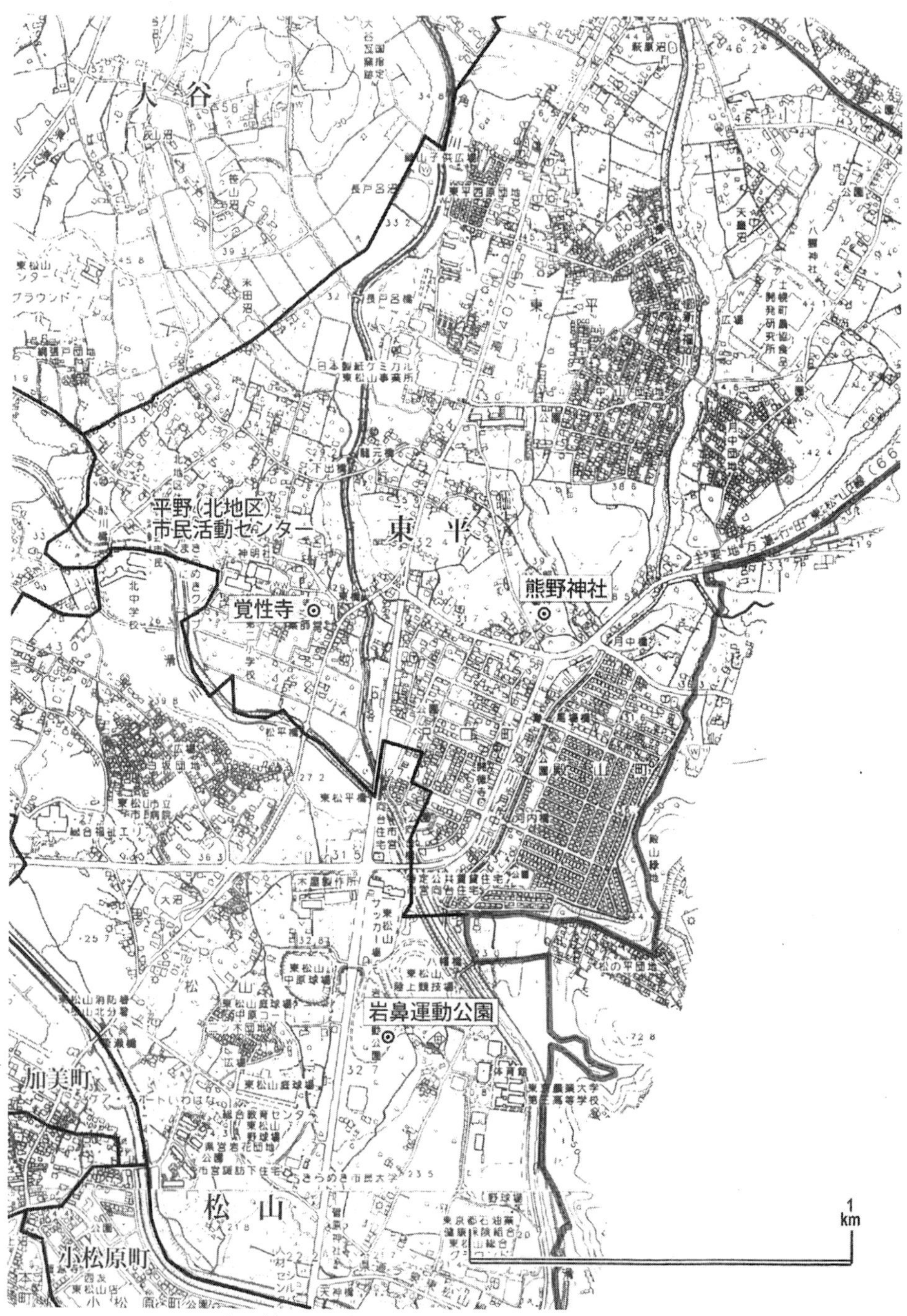

東平地区（東松山市発行東松山全図１万分の１地図を使用）

高坂の地名

概観

高坂は岩殿丘陵とそれに続く高坂台地の上に位置しています。物見山が標高一三四・八メートル、丘陵と台地の境が標高約四〇メートル、台地の末端の高済寺のあたりで約三〇メートル、正代周辺にいくと約二〇メートルになります。台地は南東方向に傾斜していることがわかります。

高坂という地名は約六〇〇年前の南北朝時代の文書の中に「高坂郷」として出ています。その時代には秩父氏一族の高坂氏という大名が高済寺を中心とする地に館を構えていました。河越氏と共に室町幕府に反逆して、高坂氏は滅びてしまいました。

高坂は文字通り高い坂の上にある集落で、当時の交通上の重要な要衝（ようしょう）でした。江戸初期の高坂村（藩政村）は今の大字高坂と西本宿（当時は本宿）を併せた区域をいいました。承応年間（一六五二〜五五）に本宿は高坂から分離して本宿村（藩政村）になり、明治十二年郡役所ができ、松山町の本宿との混同を避ける意味から西本宿村になりました。本宿村には古道が通っていて、地元では通称鎌倉街道と呼んでいます。しかし、鎌倉街道上道（かみつみち）は、笛吹峠から今宿を通る道で、本宿を通る道は鎌倉街道上道から入間川付近から分岐した奥州への道で、鎌倉街道上道下野（しもつけ）線と呼んでいます。

江戸時代になり、日光に東照宮が造営され、幕府は慶安五年（一六五二）八王子の千人同心に対して「日光火の番」を命じました。八王子千人同心とは、旧武田家の旧臣で八王子の治安と甲州口の警備に当たっていた人たちのことをいいます。

その後、幕府では彼らに日光での新しい任務を与えました。その任務とは山内（さんない）の見廻り火の見櫓（やぐら）上での見張り、出火の際の消火が主なものでした。このために新たに整備された街道が八王子街道（日光脇街道ともいいます）で、八王子～拝島～箱根ケ崎～扇町屋～高萩～坂戸（宿泊）～高坂～川俣～館林～佐野（宿泊）～富田～栃木～合戦場～楡木（にれぎ）～鹿沼（宿泊）～今市～日光というルートでした。八王子街道を整備するに当たり、高坂村に新しい宿場をつくりました。八王子街道を従来の宿場であった本宿の東側に通したのは、川越・児玉往還と合流させた形での宿場をつくる必要があったからではないでしょうか。高坂宿は馬継場としても重要な役割を果していました。川越・児玉往還は川越、高坂、菅谷、鉢形、上州を結ぶ戦国時代の軍事上の拠点を結ぶ重要な道路でしたが、江戸時代になりますとその軍事上の価値も減少しました。庶民の道路としてはかなり利用されたようです。

明治二十二年町村合併により高坂、早俣、正代、宮鼻、毛塚、田木、西本宿、岩殿の八か村が合併して、新村名を一番大きい村の名をとり高坂村にしました。そして、旧村名は大字名になりました。

一・高坂（たかさか）

①高坂という地名の由来を教えて下さい。

高坂は台地上にある集落です。これを「たかさか」と読みますが、「こうさか」と読む地方もあります。

高坂という地名は南北朝時代から文書等に出てきた地名です。室町時代に河越氏の親戚高坂兵部大輔（う）氏重という武将が出て、現在の高済寺及びその周辺に館を構えていました。最近鎌倉扇ヶ谷の真言宗浄光明寺から発見された「浄光明寺敷地絵図」の中に高坂兵部大輔の広い屋敷跡が描かれています。江戸期に入り、はじめは幕府領、後に加々爪（かがつめ）氏の知行、幕府領、何人かの旗本領を経て文化二年（一八〇五）から川越藩領、そして幕末には前橋藩領になり、明治を迎えました。

江戸時代には八王子街道が整備され、宿場として繁栄しました。明治二十二年に八か村

高済寺

が合併して新しい高坂村ができ、従来の村は大字になりました。そして新村の村役場、学校等の中枢機関は大字高坂に置かれました。

高坂台地は高済寺周辺で落差約一〇メートルの坂があり、南の大黒部では台地部分が海抜二七メートル、低地が一九メートル、落差約八メートルの坂があります。このように文字通り高い坂の上にある集落が「高坂」です。

②江戸時代の高坂宿について話して下さい。

八王子街道と川越・児玉往還は大黒部下の坂下橋のところで合し、大黒部から高坂宿に入ります。合流点には安永三年（一七七四）に大黒部村中で立てた上部に梵字を刻み、右八王子道、左江戸道と書かれた道標があります。そして、高坂宿の北の端の「ぼんくいの店」といわれる塚田商店の脇に、正面に「八王子道」右面に「日光よしみいわどの道」、左面に「ちゝぶ　ひき　いわどの道」と刻まれた安永十年（一七八一）の道標があります。

道標の横を通って下る坂道は、道幅は旧街道の面影を残しています。

八王子街道は江戸末期から明治にかけてかなり人馬の往来も多く、高坂宿にも旅籠兼小料理屋が五、六軒あって商売になったようです。夕方になると、店先の屋号入りの掛行灯に火がともり、真白にお白粉(しろい)を塗った女性が街道に出ては旅人や行商人、さらには土地の若衆を呼び込んでいましたので、高坂宿は結構賑わっていたようです。

高坂の宿場は北から数えて五町内に分かれていました。そして、一丁目を上町、二、三丁目を中町といい、四、五丁目を下町と呼んでいました。また、上宿、中宿、下宿という言い方もあったようです。中宿には八雲(やくも)神社が祀ってありましたので、天王町(てんのう)とも呼んでいました。八雲神社（牛頭(ごず)天王社）は明治初年までは左右廻り道になっていましたが、人馬の往来の邪魔になるというので、道路の東側に新しく社地をつくり、ここに移しました。そして、さらに、明治四十三年高坂神社に合祀(ごうし)されましたが、毎年の夏の祭礼は旧社地に仮宮を建て行われています。

仮宮がたてられる箇所
（八雲神社旧社地・撮影当時）

八王子道の道標（撮影当時）

石橋供養塔

高済寺北の坂を下ったところに、元治元年（一八六四）に造られた石橋供養塔がありますが、この供養塔は交通の安全及び商売繁盛を願ったものでしょう。そして、この供養塔に寄付金を寄せた人、世話人、発願者として多くの人名が書かれています。高坂宿では一丁目、二丁目の家の先祖に当たる人々が中心で、高坂宿以外では嶋田、坂戸、天沼、毛呂、入西等の人の名前があります。いずれも街道に依存する商業とか運送業等の仕事をしていた人々ではないでしょうか。

高坂宿が上宿、中宿が中心であって、下町、大黒部の宿は比較的新しく発展した宿です。

③台地の端にある高坂神社は、古くは八剣明神社と呼ばれていました。祭神は日本武尊です。この神社のことを教えて下さい。

日本武尊東征の時、現在神社が建てられている場所に陣地を置いたという故事から日本武尊の武徳を慕って神社を創建し、八剣明神社としたと言い伝えられてます。神社の裏石

高坂神社

橋供養塔の山林には日本武尊が東夷征伐に臨んで身を清めたという「日本武尊お祓（はら）いの清水」があります。神社の裏山とその後方にある円墳は繋がっていたものと思われますので、前方後円墳と考えられます。

明治四十二年八雲神社等を合祀して高坂神社と改称しました。高坂神社は高坂村の村社として村民に崇敬されていました。

古い名称八剣明神社の「八剣（やつるぎ）」は「や（数多いことをいう接頭語）・つなぎ（繋ぐの連用形で中継をすること）」という意味があり、「馬継場」であった高坂宿の繁栄を願い、祈願する神社という意味もあったのかも知れません。

④高済寺付近に中世武士高坂兵部大輔の屋敷跡があったといわれますが、高坂氏について説明して下さい。

高坂氏は、「たかさか」氏と読みます。滑川町月輪（つきのわ）に二十一軒の高坂姓の家がありますが、これは「こうさか」と読みます。高坂氏は秩父重綱の子で、河越重隆の弟高坂五郎で、小代氏とも姻戚関係にあります。

鎌倉時代末期の元徳三年・元弘元年（一三三一）楠木正成の赤坂城攻撃の際、足利尊氏軍の中に高坂出羽権守が参加しています。南北朝の動乱の時、観応三年・正平七年（一三五二）の武蔵野合戦に高坂兵部大輔が足利軍に参加しています。秩父氏の地縁的武士団である平一揆に参加し、河越氏と並んで有力な一員でありました。この平一揆のメンバーが、応安元年（一三六八）河越の館で室町幕府に対して反乱を起こしました。乱の発生後関東管領上杉憲顕は上洛中でしたが、急いで帰り、鎌倉公方足利氏満と共に川越氏の館を陥し、高坂氏の館を滅ぼしました。そして、高坂郷は没収され、京都の鹿王院、高坂氏の所領の戸守郷は足利の寺にそれぞれ寄進されました。

高済寺西側にある土塁

現在、高済寺周辺の東西一七〇メートル、南北二三〇メートルの規模が高坂氏の館跡とされています。土塁は境内に残っていますが、高さ二〜六メートルで幅は約四メートルです。土塁の高さに高低があるのは、古墳が土塁の一部に利用されているからです。土塁の外側には空堀があり、幅八メートル、深さ三メートルとなっています。空堀は南側にも延びています。

区画整理事業に伴う発掘作業で、ここの場所で十二世紀初めから十三世紀にかけてのカワラケ、柱穴列が確認され、三種類の建物が存在したことが推定されています。

⑤「ぎっくりしゃっくり蓮台寺　あっても貸さない高済寺　一文なしの東光院　街道守りの長松寺」と高坂宿の四つの寺を入れた子どもたちのはやし詞が明治の初め頃流行ったそうですが、それについて解説して下さい。

蓮台寺は一丁目のはずれにあり、東光院の門徒で、普光山円通院と号し、本尊の観音様を安置した天台宗の寺でしたが、江戸末頃から寺運が傾いてきたのでしょう。現在は廃寺になっていて、墓地だけが残されています。

高済寺は曹洞宗の寺で大渓山と号しています。下野本の無量寿寺の末で、本尊は釈迦牟尼仏です。開山は大渓和尚（文禄二年一五九三没）ですが、開基は加々爪氏家臣斉藤助右衛門です。寺には県指定文化財加々爪氏累代の墓があります。加々爪氏は文禄元年（一五九二）に政尚が相模国と高坂、正代、悪戸を合わせて三千石の知行を受けています。

その子忠澄（ただずみ）は家康、秀忠、家光の三代に仕え、寛永十年（一六三三）九千石に加増されます。三代直澄（なおずみ）は甲斐守になり、寛永十八年には一万石の石高を持つ大名となります。寛文元年（一六六一）に寺社奉行にまで栄進し、一万三千石にまで登りつめます。しかし、この人は乱暴旗本として有名でした。結局、四代直清（なおきよ）の代に自領と他領との境界争いに巻き込まれ、領地没収、お家断絶になってしまいました。（註1）

加々爪氏累代の墓

高済寺の付近は加々爪氏の陣屋跡でもありました。加々爪氏の改易（身分を平民にし、屋敷を没収する）は一族郎党をも巻き込み、家臣として高坂陣屋にいた斉藤助右衛門も帰農を余儀なくされました。そして、改易後の加々爪家は庶流はあるものの、主家を継ぐ者がいなく、江戸のいくつかの寺に埋葬されていた加々爪家の墓を省みる者がいなくなってしまいました。これを嘆いた斉藤助右衛門が旧主の陣屋跡に寺を建立し、改めて加々爪氏の菩提寺と定め、江戸府内に散在していた遺骨をここに改葬しました。

高済寺は幕府より寺領二十石を賜った寺ですので、多少のねたみもあって「あっても貸さない」ということになったのでしょう。

三丁目の東光院は天台宗の寺で、市内金谷の浄光寺の末、放光山初住寺と号し、本尊は阿弥陀如来です。いつの頃か西本宿の常安寺の隠居寺となり、「一文なし」といわれるようになったものと思われます。

五丁目の長松寺は川越の連馨寺の末で、寂照山不二院と号し、天文の頃（一五三二〜

東光院（上）・長松寺（下）

五四）証蓮社誠誉（しょうれんしゃ）という僧が開山し、本尊は阿弥陀如来です。高坂宿のはずれにあり、明治六年長松寺の本堂を借用して「高坂学校」が設置されましたので、悪童たちも「街道守り」と敬意を表したのでしょう。

註1　明暦頃（一六五五〜一六五七）、「夜ふけて通るは何者ぞ加々爪甲斐か泥棒か」というざれ唄が江戸に流行していました。ここの加々爪甲斐というのが加々爪直澄のことです。旗本奴のグループを率いたのが直澄で、これに対抗して生まれたのが町奴である。

⑥長松寺に仮校舎をつくり、高坂学校として発足したのが高坂小学校のはじまりです。小学校のはじまりについて解説して下さい。

明治五年明治政府は学制を発布し、近代的な学校制度を確立することにしました。明治六年八月十七日に高坂村では長松寺の本堂を借りて校舎にして、現在の高坂小学校の前身高坂学校が誕生しました。そのため高坂学校は長松寺学校とも呼ばれていました。

当時の長松寺は高坂宿の一番下（しも）にあったので下寺と呼ばれていて、小字地名下寺前が残されています。下寺前の地名は東上線の線路のあたりまであり、長松寺がかなり広い境内を持っていたことが分かります。『東松山市伝説と夜話（下）』の中に、長松寺の坊さんと裏山に住む狸との話があり、「長松寺ちょぴろりん長松寺ちょぴろりん」と言って狸が坊さんをからかいながら逃げていったという話が紹介されています。現在の景観からは狸の住むような裏山があったということは想像できません。

明治八年（一八七五）当時の高坂学校は、先生七名（男）、生徒一九三名（男一五四、女三九）という規模で、一人三銭一厘の授業料を取っていました。明治十六年に「高坂学校建物一棟建築議案」が村議会に上程されました。議案によれば、校舎は当時としては珍しい瓦葺き平屋一棟、縦一二間（二一・六メートル）横三間（五・四メートル）で、校舎の坪数は三七坪半でした。敷地は長松寺大門の北の畑一反八歩を長松寺から十か年契約で借入れました。この借入れに名前を連ねている戸長は、高坂村、早俣村、正代村、宮鼻村、毛塚村、西本宿村ですので、これらの村からの生徒が通学していたのでしょう。そして、明治二十年には畑地二反六畝を長松寺から買い取り、東西一二間、南北一三間（二三・四メートル）、幅三間（五・四メートル）のコの字形で、南北の部分二階建、建坪九七坪という校舎が完成しました。

一方、田木村と岩殿村では、明治十三年九月から「田木学校」と「岩殿学校」がそれぞれできました。明治二十二年の町村合併に伴い高坂村が成立しますと、田木学校も岩殿学校も高坂学校と合併し、高坂尋常小学校となりました。

⑦最近高坂台地の下の水田が開発されまして、国道四〇七号のバイパスができ、バイパスを中心として住宅地区、商業地区が造成されています。これに伴い、発掘が行われて色々な発見がありました。それらの概況について説明して下さい。

台地下の水田の地下から古墳や住居跡がでるとは住民の誰も想像もしていませんでした。高済寺下の小字城敷（じょうしき）からは古墳時代前期（三世紀頃）から後期にかけての住居跡、須恵器という土器が多数見つかっています。それから後期の住居跡からはカマドも発見されています。城敷の北東の堤防に接した小字銭塚（ぜにづか）の都幾川の自然堤防と思われるやや高い砂地に奈良・平安時代の竪穴住居からなる集落が発見されました。この辺では古い地図を見ると、条里制度が行われたことが推定されるような土地割が見られます。小字城敷も条敷で、早俣の集落の前面にある小字定敷も条敷と読み変えてもいいのではないかと思います。

銭塚、城敷よりも南東の小字反町（そりまち）では、古墳時代後期及び奈良・平安時代の竪穴住居跡が発見されました。それに都幾川の河川跡も発見され、支流から堰跡も見つかっています。平成二十年夏反町の古墳時代の古墳及び住居跡の下を掘り、その下の四世紀頃の竪穴住居跡が見つかりました。この遺跡では、水晶の加工が行われていたことが分かり、四世紀頃の竪穴住居跡からは首飾りに使われていた細石の加工も行われていたことが推定されています。

二、毛塚（けつか）

①毛塚の地名の由来について説明して下さい。

「け（毛）」は元来稲の穂毛から稲を意味していたものと思われますが、江戸時代には広く農作物を指していました。「けつか」とは農作物の収穫できる農地の中にある塚という意味です。昔から毛塚には多くの古墳がありました。

また、この地には次のような言い伝えがありました。

昔毛塚の里の名主某宅に、ひなには稀な可愛らしい娘がおりました。蝶よ花よと可愛がられて育った娘は、十六、七歳になりますと近郷近在きっての美しい娘さんになりました。ある年の春、菜の花が咲き麦の穂が出ようとする日の夕暮れ近く、名主の家を訪れた若い雲水僧（旅の僧のこと）がありました。「今宵一夜のご供養にあずかりたい」といい、一夜の宿を乞い一泊しました。名主の娘は、この雲水僧を一眼見て恋をし、一夜の契りを結びました。

翌日、雲水僧は、娘が「せめて今宵もう一夜なりと」と衣の袖にすがり泣いて引き止めましたが、「そなたの厚い情けは拙僧生涯忘れはいたさねど、行方定めぬ雲水の身なれば縁なきものと思いあきらめてくだされ。縁あればまた会うこともあろうもの」と袖振り切ってそのまま何処ともなく行方知れない旅に立って行きました。あとに残された名主の娘は一夜の契りとはいえ若い雲水僧のことが諦めきれず、日夜名も知らぬ雲水僧を恋い慕い、遂にかなわぬ恋の病の床に臥し、食ものどを通らず泣きの涙に暮れる状態でした。

それは春雨が音もなく降りしきるある夜のことでした。思いつめた名主の娘は、緑の黒髪を根元から切り落とし、日頃愛用の櫛こうがいを添えて鏡台の上に残して、蛙の鳴く音に誘われるかのようにそっと屋敷を抜け出し、黒々と夜気をふくんで流れる大川（越辺川）に身を投げて果ててしまいました。可愛い一人娘を失った名主夫婦は今更のように娘をあわれに思い、娘の残した黒髪を櫛やこうがいと共に手厚く葬り、その上に塚を築いてやったということです。この塚を里人はだれ言うとなく黒髪塚、それがいつの間にか毛塚となり、この里の地名になったということです。黒髪塚は龍園寺の墓地の前にあったのですが、墓地南の道路拡張のために失われてしまいました。

黒髪塚跡地近くにある竜園寺跡

三つ目の解釈としては、この地には毛髪のように塚が数多くあったので毛塚という地名ができたという説です。

②毛塚は「まえがた」と「うしろがた」に分かれています。この訳を話して下さい。

「前方」、「後方」の由来は江戸時代に逆上ります。江戸時代の初め、甲斐の武田の旧臣で家康に仕えた旗本横田甚右衛門尹松は三千石の知行を与えられ、そのうち二千石は宮鼻、嶋田、田木、香仏寺（現在の川辺）、石坂、岩殿、毛塚、広谷の八か村の一円支配でした。横田氏は寛永十二年（一六三五）に尹松が死去し、次郎兵衛述松が跡目を継いだ時、弟大和甚右衛門胤松に知行を半分分け、一千石ずつ領有することにしました。

そのため、八か村はそれぞれ半分ずつ知行分けされました。毛塚でいえば、次郎兵衛述松分を後分、大和甚右衛門胤松分を前分としました。前分を西分、後分を東分ともいっていました。身分、西分は代官屋敷の位置からの名称で、横田氏の地役代官を勤めた関口氏宅が「西屋敷」と呼ばれていましたので、関口氏の支配区域を西分といいました。関口氏は武田の旧臣で、武田氏を浪人して関口姓を名乗り毛塚に土着しました。同じ武田氏の旧臣横田氏が領主になりますと、二千石の代官として支配を任されました。そして、関口孫兵衛忠松の婿養子にきたのが坂本庄右衛門宗松（むねまつ）で、坂本氏の屋敷は「東屋敷」と呼ばれましたので、坂本家の支配区域を東分と呼んでいました。その後、関口氏は江戸の横田氏屋敷詰になり、実質的に坂本氏が横田氏の領有の二千石の代官としての役割を果たすことになりました。この前分の区域が「まえがた」、後分の区域が「うしろがた」になります。

③ザル坂という坂があります。地名の由来をお話下さい。

田木の小田原神社前から毛塚に入るところに標高差五～六メートルの崖があり、ここの坂がザル坂です。ザル坂には次のような言い伝えがあります。

昔から夜遅く一人でこの坂を通ると、後からごそごそっとザルが転げ落ちてくるような音がします。後を振り返ってみると何も見えません。歩き出すとまたごそっごそっとザルの転げ落ちるような音がするといいます。

昔いつの頃か、秋の収穫時夫婦で一日中稲刈りをし、稲束も運び終わり、最後に稲の刈跡の落穂を拾い集め、それをザルに入れ、妻がそれを持ち、この坂のところにさしかかりました。一日中の重労働ですっかり疲れてしまった妻は坂の中途にあった小石につまずいて、一穂一穂拾い集めた落ち穂を入れたザルを落としてしまいました。ザルはごろごろ転がり、落ち穂がすっかりこぼれてしまいました。妻があわてて拾い集めていますと、普段はおとなしい夫が忙しい時の働き疲れからか、かっとなって妻を足蹴にしてしまいました。打ち所が悪かったとみえ、妻は死んでしまったといいます。それ以来、夜村人が通ると女房が落としたザルの転がる音がするということです。

ザル坂（写真左奥に現道）

実はザル坂は元来はザレ坂といっていたのではないかと思います。ザレは崖等の急斜面という意味がありますので、ザレ坂とは急崖の坂ということです。ザレ坂がいつの頃からかザル坂になり、言い伝えができたのではないかと思います。

④袖（そで）引き坂という坂もあります。その話もしましょう。

毛塚から大黒部に向かう道路の踏切り手前にあ

袖引き坂を西側から

る坂が袖引き坂です。この坂にも次のような言い伝えが残されています。

　昔毛塚の里に利右衛門という高利貸がおりました。ある冬の木枯しの吹きすさぶ寒い夜のことでした。利右衛門、今日は余程遠い村にまで出かけたと見え、いつもより重い革の財布を懐中にして、家路を急いで人家のない坂道にさしかかりました。すると何処からつけてきたのか、手拭いで面を包み長い刀を一本差しにした浪人風の男が足を速め、利右衛門の脇を通り抜けざま、利右衛門の右の肩から袈裟(けさ)掛けにばっさり切り下ろしました。利右衛門は前のめりに倒れ、そのまま息絶えてしまい、浪人風の男は利右衛門の懐中から財布を抜き取り、そのまま闇の中に姿を消してしまいました。

　翌朝村人が利右衛門の死骸を見つけました。ところが驚いたことに利右衛門の右手に色あせた黒木綿の片袖がしっかりと握られていました。最後の力を振り絞って利右衛門が浪人の袖を引きちぎったに違いありません。このことがあってから、村人が夜一人でこの坂を通りますと、何者とも知らない者が後から袖を引くようになったといいます。そこで、誰言うとなく、「袖引き坂」というようになったそうです。

この様な言い伝えは大事にしなければなりませんが、実際は昔はこの路は狭く、人が通るとどうしても着物の袖がまわりの木の枝に引掛かってしまいましたので、「袖引き坂」という地名ができ、後にこの様な話が出来たのではないでしょうか。

⑤毛塚の水田を流れる九十九（つくも）川という小川の意味を教えて下さい。

岩殿丘陵は浸食が進み、九十九谷あるといいます。その岩殿の山から流れてくる川なので九十九川と書くようになったというのが一般的な説です。しかし、この説ですと、「つくも」という呼び方は説明出来ません。

九十九を「つくも」と読むのは、九十九髪（つくもがみ）という言葉からきています。「つくも」とは太藺（ふとい）のことで、老人の乱れた白髪が太藺（ふとい）に似ているので、老人の白髪をつくも髪というようになったといいます。このつくも髪に九十九の字をあてるのは、百という字から一画取ると、白髪の白という字になり、数の面からいうと、百から一を引くと九十九になるからです。太藺はカヤツリグサ科の多年草で、高さが二メートルほどになり、茎でむしろや敷物をつくったということです。

九十九川

毛塚から宮鼻、正代、下田木、川辺では江戸末期ころから琉球やい草を栽培し、畳表やうすべりを生産していましたが、それらは台地下のネギワといわれるどぶっ田や旧流路跡と思われる「流れ」といわれる場所で栽培していました。そのように考えますと、九十九川の流域には元々は太藺が自生していたことが考えられます。太藺の利用からい草や琉球の栽培に発展していったのではないかと思います。

⑥川辺（かわべ）集落は古くは香仏寺と呼んでいました。そのことを説明して下さい。

川辺は越辺川北岸の自然堤防上の集落で、昔は香仏寺村といい、独立した一村を形成していました。香仏寺は建久四年（一一九三）に小代八郎行平（しょうだいはちろうゆきひら）によって建立された小代氏の菩提寺でした。文永八年（一二七一）小代重俊（しげとし）のとき、鎌倉幕府は蒙古襲来に対する防御と領内の悪党鎮圧のため、地頭として肥後国野原庄（のっぱらのしょう）（熊本県荒尾市）に下向（げこう）（地方に行くこと）を命じました。こうして小代氏の一族郎党が九州の地に移ることになり、香仏寺も九州の地に移されました。

香仏寺跡は川辺集落の北側、慈眼寺の東側のあたりであるといわれています。小代氏が活躍した時代は越辺川は現在の下田木の慈源寺辺から北上して、毛塚の台地で大きく曲がり、東に流れていったと思われます。江戸時代の初期には、越辺川は流路をさらに変えて香仏寺集落の東を流れ、通称「流れ」といわれる場所を流れて大黒部辺で大きく方向を変えたものと思います。従って、香仏寺集落は毛塚から見ると、越辺川の対岸の微高地（自然堤防）上にあった集落ということになります。越辺川が現在のように香仏寺集落の南を流れるようになるのが慶安年間以降、越辺川の改修工事がおこなわれ、長楽の南で都幾川と合流するようになってからです。

越辺川堤防から撮影した川辺集落

寛永十六年（一六三九）の検地帳には香仏寺村の戸数は六軒と記載されています。この香仏寺村が元禄十一年（一六九八）毛塚と合併しました。その理由を『市史編さん調査報告第二十五集』では次のように説明しています。

第一に、下田木は比較的新しい集落で、越辺川が流路を変えてから集落ができたものとみられ、恐らく一六世紀末ころから住民が住み始めたものと思われます。第二に、当時の香仏寺村の水田は集落の東側に集中していて、毛塚の農民との水田と交錯していました。第三に、越辺川の度重なる氾濫が香仏寺の集落としての発展を妨げていました。

このような点から元禄年間の知行分けのとき、知行高のバランスをとる必要上香仏寺が毛塚に合併したのではないかとしています。

香仏寺から川辺にいつ頃変わったのか分かりませんが、川辺という地名は越辺川の北側の微高地上にある集落という意味で、同じ地名は所沢市、庄和町（現春日部市）等にあり、県北には北川辺町があります。

三．田木（たぎ）

①「たぎ」という地名は越辺川の流れと関係がありますか。

「田木」は、「た（水田）・き（樹木）」で水田と森林のある場所と解釈することができますが、地名の場合は当て字の場合が多いので、「たぎ」という言葉の持つ意味を考えてみます。「たぎ」はタギル（激）の語幹で、水が激しく流れる川という意味になります。

下田木の南で越辺川と高麗川が合流するので水流も激しく、この地を「たぎ」と呼ぶようになり、それが集落名になったものと思います。

②田木は下田木と赤城と田木山の三つに分かれています。それについて説明して下さい。

台地沿いには古くからの集落があり、低地は越辺川、高麗川が乱流していたものと思われます。下田木集落のある小字中島という地名は川の中州という意味ですので、このあたりを越辺川が流れていた時代もあったようです。毛塚の台地下に栗崎という小字がありますが、「くり」はクル（転）で川が曲流することで、「さき」は先端ということです。従って、北上した越辺川がこのあたりで大きく曲流していたものと思われます。その後、越辺川の流路が川辺集落の東の方を北向きに流れ、大黒部のあたりで大きく曲がって流れたものと思います。越辺川が流路を変えてから下田木の居住が始まったので、その時代は一六世紀末頃であると推定されています。

「あかぎ」のアカは仏教用語アカ（閼伽）から水分の多い土地とか湿地という意味があり、ギは場所を示す接尾語とすると、「あかぎ」とは水に恵まれた土地という意味になります。現在、樋管があり、田木の水田に越辺川の水を供給しています。田木山は一番開発の遅れた地で、越辺川の改修で低地から移住した人が住み着いた家が多いようです。

③小田原神社の小田原とは、神奈川県小田原と関係があるのですか。

下田木の戸数も増え、慈眼寺ができたのが慶長年間（一五九六～一六一五）のことで、観定僧都（かんていそうず）が開基したといわれています。旗本横田氏が宮脇（みやわき）二千石を与えられたのが天正十九年（一五九一）ですから、横田氏は越辺川氾濫原の開拓を着任早々に始めたものと思います。寛永七年（一六三〇）と寛永十六年（一六三九）の田畑の増加の状況をみますと、

小田原神社

水田は二〇町三反一畝十二歩から二六町八反一畝一歩に増加し、増加率は一三二パーセントに過ぎませんが、畑は一二町五反五畝一歩から二六町四反九畝一歩に増加し、増加率は二一一パーセントに達しています。中島付近の水田開発のピークは寛永七年以前、即ち、小田原神社が慈眼寺の境内に観定僧都により勧請（かんじょう）された寛永三年（一六二六）頃であったものと思われます。その後、享保十年（一七二五）に水田を隔てた高台の現在地に移りました。「おだわら」は神奈川県の小田原とは関係なく、「おだ」は湿地を意味する古語で、「はら」は開墾地を意味しています。即ち、開墾の無事を祈って慈眼寺の境内から開墾地が北に移動するにつれ、現在地に移動したものでしょう。

④越辺川(おっぺ)の「おっぺ」はアイヌ語由来のことばですか。

越辺川は越生町黒山笹郷付近に源を発する河川で、長楽(ながらく)で都幾川を併せ、川越市と川島町を結ぶ落合橋付近で入間川と合流する全長三〇キロの河川です。「おっぺ」はアイヌ語ではないかという説があります。アイヌ語の「ぺ」は川の意味で、「お」で深いという意味があります。しかし、難解な地名をアイヌ語起源にするのには問題があります。そこで、「越」を呉音でオチと読みますので、越生近くに源を発する川という意味で、オチ・ヘン川がオッペ川になったのではないかと推定するのが自然ではないでしょうか。それを証明するかのように、江戸時代の地図では、越生川となっています。

越辺川では筏流しにより木材を出していましたが、立野橋（河川改修で今はない）の付近にドバがあり、ここで上流から流されてきた木材が筏に組まれました。立野橋の下で越辺川が蛇行して立野の山を浸食してできた崖を赤ッパギ、白ッパギと呼んで、その下の淵が夏になると子供たちの恰好(かっこう)の水泳の場所でした。その付近に「和田谷(わだやつ)」と呼んでいたところがありました。江戸初期の越辺川改修工事の折に、和田集落全体が南の現在地に移転したものでしょう。その折に川を蛇行させたのは、下流の水流を弱めるための工事です。

また、高麗川と越辺川の合流する場所を「ふたせ」というのは、二つの川が合流する所という意味でしょう。住吉(すみよし)という場所がありますが、堤防がつくられる前は微高地（自然堤防）の住みよい場所だったのでしょう。

⑤江戸時代には、丘陵部（田木野）はどのように利用されたのですか。

江戸時代、石坂から田木、岩殿にかけての丘陵地は入会地（いりあいち）（百姓が自由に利用できる共有地）で、雑木、なら等の疎林（立木がまばらな林）と草地からなっていたものと思われます。明治十四年測量の二万分の一の地形図をみると、なら、松、雑木、草地になっています。草山は百姓が草を田畑の肥料にしたり、家畜の飼料とするものでした。広大な原野は石坂野と田木野に分かれ、田木野は石坂、岩殿、田木、毛塚、宮鼻、嶋田の六か村の入会地でした。立野という小字は入会の草地を意味する地名です。

⑥子（ね）の神の松の言い伝えを話して下さい。

田木山の登り口に子の神の松があります。大きな松は枯れてしまい、新しい松が植えられています。子の神とは正月の歳神様（としがみさま）をいうので、ここの松は正月の行事に関係があったものと思われます。ここで観音道（かんのんどう）と鎌倉街道上道下野線（かみつみちしもつけせん）が分かれます。

この松は天狗の松ともいわれ、夜になると天狗が飛んで来て、泣く子を連れていって食べてしまうといわれていました。子どもたちにとっては恐ろしい松でした。

江戸時代、ここに旧田木村の高札場がありました。現在は馬頭観音と庚申塔が並んであります。馬頭観音は寛政四年（一七九二）の銘があります。庚申塔は安永二年（一七七三）のもので、祭神は青面金剛という神で、忿怒形（怒ってる様相）という姿をしており、天の神の使いとしてこの世の中に姿を現わしたものであるといわれています。

なお、安永二年はコレラが大発生した年で、子の神の西に患者を隔離した小屋があったといわれています。

馬頭観音（右）と庚申塔（左）

⑦児沢の地名の由来について教えて下さい。

鎌倉時代岩殿観音は比企能員の手厚い保護を受け、正法寺の堂宇（寺の建物）も立派になり、坊も三六あったといいます。頼朝の妻北条政子も参詣したといわれています。そのときの接待には多くの修業僧、稚児が動員されました。三六坊の中で石坂寄りのところに釈迦坊という坊があり、この坊の十歳ほどの稚児もその一人に選ばれました。この稚児は作法、振る舞い等なに一つとして落ち度はなく、立派にその役目を果たしました。しかし、選に漏れた他の稚児たちから嫉妬され、政子の前で失礼なことがあったと言いふらされ、また、人の面前で辱めをうけました。そのため、稚児は岩殿山から釈迦坊への帰り道、くやしさのあまり谷川の淵に身を投じてしまったといいます。里人と母親は悲しみのあまり、山裾に埋葬するとともに、八幡社として祀りました。以来、この沢を児沢と呼ぶようになったといわれています。『風土記稿』には「児淵八幡社岩殿村正法寺の児故ありて此邉の淵に溺死せしを葬り塚を築き八幡に崇めり」と書かれています。

　稚児というのは僧侶の後継者としての寺の少年のことを言いますが、時には女性禁制の寺の中で僧侶の男色の相手方にもされたといわれます。児淵八幡社は現在は動物公園の中に入ってしまっていますが、かつては雨が降ると児淵に水煙が立ち昇り、あたかも稚児の霊を悼んでいるかのようにぼうと霞んでいたといいます。当時の稚児は修業が厳しかったようで、同じような伝承が各地にあります。ときがわ町慈光寺には稚児岩という岩があります。ここにも同じような伝説が

児淵八幡社

児沢

残されていまして、この岩から身を投じたといいます。それ以来この岩に近づくと稚児の忍び泣く声が聞こえるといわれています。

「ちごさわ」を語源的にみますと、チゴ（違）・サワ（沢）で急斜面の下を流れる沢という意味にも解釈できます。明治十四年の二・五万分の一の地形図をみますと、児沢はかなり急な谷で、一面が草地になっています。地名から「稚児」を岩殿正法寺に結び付けての伝説ではないでしょうか。

⑧丘陵地区旗立台（はたてだい）の地名の由来について話して下さい。

旗立台とは、旗塚があったところから付けられた地名です。『風土記稿』によると、「旗塚　観音堂の東西一丁余ニアリ　小高千塚ニテ　数十基並ビテアリ　戦争ノトキ　旗ヲ立テタル塚ナレバ　呼ビ名トナセリト云　イト覚ツカナキ説ナリ」とあります。

岩殿を中心とした合戦としては足利基氏（もとうじ）の岩殿山合戦と松山城の攻防戦の二つが考えられます。

足利尊氏は四男の基氏に関東の支配を行わせました。基氏は旧知の上杉憲顕(のりあき)に越後の守護職を与え、さらに鎌倉に呼んで関東管領(かんれい)職を与えようとしました。ところが今まで越後の守護職であった芳賀伊賀守はこれを不満として、貞治二年・正平一八年（一三六三）に反乱を起こしました。足利基氏は伊賀守の勝手の行動を怒り、これを討伐しようとしました。そこで、芳賀伊賀守は基氏と決戦をするために武蔵国に出撃しました。基氏は平一揆(たいらいっき)（秩父氏系統の平氏の一族の武士団、高坂氏、河越氏が中心）等の支援を受け、二万の大軍で苦林(にがばやし)（毛呂山町）に陣を敷きました。一方、芳賀勢は五万の大軍を引き連れ、岩殿に陣しました。合戦は基氏が越辺川を渡り、鎌倉街道を進みましたが、芳賀軍に打ち破られ、大敗を喫して、苦林に再び退きました。そのとき、篠田右京亮経(しのだうきょうすけつね)という武士が援軍として参加して、形勢が逆転しました。これが岩殿山合戦です。戦国時代になりますと、松山城をめぐっていくつかの戦いがありました。中でも永禄五年（一五六二）の戦いは北条氏政(うじまさ)、氏康(うじやす)の軍勢三万五千人に同盟関係にあった武田信玄の軍勢二万余が合流して松山城を取り囲みました。松山城からの急報に上杉謙信が八千人の軍勢を引き連れ松山城の救援に駆けつけました。この時武田勢が布陣したのが岩殿山で、ここに小塚を築き、その上に陣旗を立てたといわれます。

この二つの合戦のいずれかのとき、旗立塚が築かれたのでしょう。

四．西本宿

本宿は元々は高坂村と一村をつくっていましたが、承応年間（一六五二〜五五）に高坂村から分離しました。現在でも米山に高坂地番の土地が残されているのは、その時の入会林が明治まで残され、それが農民に配分されたからです。江戸時代にできた高坂宿に対して、本宿と書くようになったのでしょう。

明治になり郡役所ができ、明治十二年（一八七九）松山町の本宿との混同を避ける意味で西本宿村になりました。

①本宿を通っていた鎌倉街道について教えて下さい。

中世になると、鎌倉に幕府が開設されてここが政治・経済の中心になりました。幕府と主従関係にある武士は御家人と呼ばれ、緊急のことがあると、「いざ鎌倉」と鎌倉に駆けつけました。その場合に備えて各地を結ぶ道路網が整備されました。笛吹峠から今宿を通る鎌倉街道上道（かみつみち）から分岐している鎌倉街道上道下野線（しもつけせん）がここ西本宿を通っていて、宿場があったものと思われます。この道は鎌倉街道上道が上州、信州へ抜ける道であるのに対して、奥州への道でした。

現在、西本宿には宿場跡を示すようなものはなにも残されていませんが、「宿ヶ谷戸」という地名が残されています。「やと」は谷間の低湿地の意味です。西本宿一号橋から二号橋にかけての場所で、現在は関越道路になっている場所です。このあたりは岩殿の凝灰

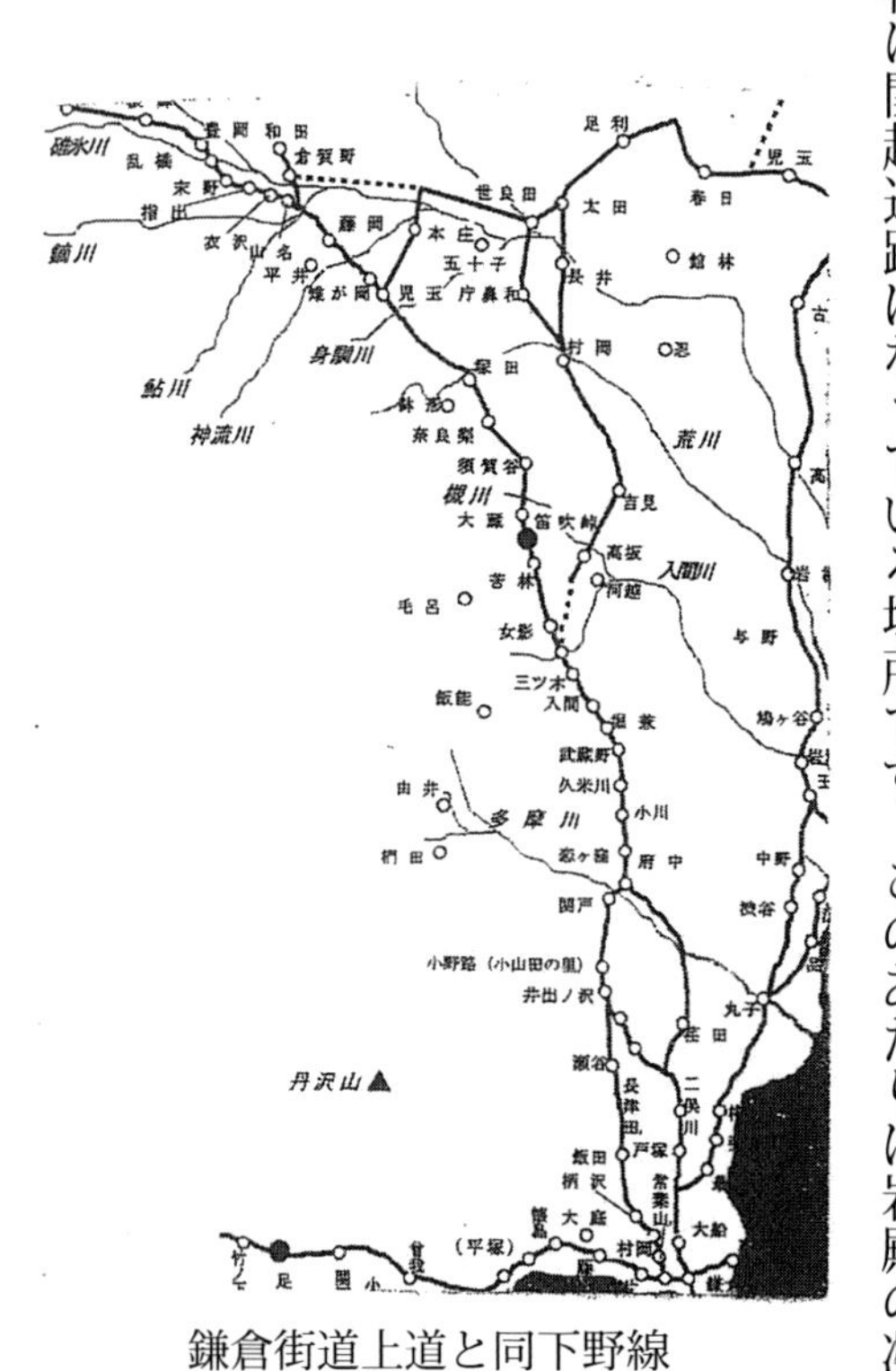

鎌倉街道上道と同下野線

岩質砂岩が地下の浅い処にあり、その上に地下水が溜まっています。この辺の昔の井戸は、台地の中にしては浅い井戸が一般的でした。

②鈴留川（すずどめかわ）の由来についての伝説を聞かせて下さい。

鈴留川という小さい川が昔の常安寺の境内の池から毛塚下まで流れていました。現在は池はなく、湧き水が残されています。昔はきれいな流れでしたが、今は大部分が関越道路になってしまい、残された流路もコンクリートで固められてしまいました。

この川名の由来については次のような言い伝えがあります。

山伏姿の旅人が只一人、夕暮れ時鎌倉街道下野線を米山薬師方向に向かって歩いていました。車軸（しゃじく）を流すような風雨をついて、何者かに追われるかのように谷（ヤツ）を下る坂道を急いでいました。谷の下まで行った山伏はそこで足を止めてしまいました。街道は昨日からの濁流に没していて、渡るすべがありません。山伏は途方にくれ、立ち尽くしてしまいました。あたりは、いつの間にか、川面（かわも）の薄明かりを残して、すっかり夕闇に包まれてました。

山伏は、やむなく、もと来た道を引き返しはじめました。しばらく行った山伏は、木立の中にぽっつんと立っている小さな庵（いおり）を見つけ、そこでの一夜の宿を頼みました。出てきた尼僧(にそう)はその頼みを一応は断りましたが、すっかり困り果てた旅人を見るに見かねて一晩泊めることにしました。ところがその晩、山伏は急に腹痛を訴え、尼僧は一晩中看病しました。翌日も治らず、三日三晩こんこんと眠り続けました。四日目にやっと目が覚めましたが、さらに数日間床に伏せていました。やっと起き上がれるようになると、山伏は尼僧の前に手をついて、

「それがしは源九郎判官義経の家臣鈴木三郎重家(しげいえ)と申す者です。主君判官が頼朝と不仲になり京を逃れて吉野山に隠れましたが、吉野もまた安住の地でなく、身の危険を感じましたので、主従は山伏姿に身をやつし、奥州の平泉の藤原氏の下へ落ちのびる途中で私一人が一行に遅れ、急いで後を追い此処まで来ました。にわかの大水のため川が渡れず、止むなくあなた様のお情けにすがり、一夜の宿をお願いいたしました上、図らずも病とはいえ、この不覚、なんとも有難うございました」

重家は心からなるお礼を言い、形見に持っていた閻魔(えんま)大王入りの笈(おい)(山伏などが旅に出る時、仏具・衣類・食器などを入れる道具で、四隅に足があり、開閉する扉が付いている)を預け、義経主従を追って奥州の平泉を目指して旅立っていきましたが、重家は義経主従と運命を共にして、遂に帰りませんでした。

本宿の人は、このいきさつを知り、重家の足を止めた小川を誰言うとなく鈴留川と呼ぶ

閻魔堂

ようになりました。この笈は草庵仏性院明鏡山円珠寺に永く伝えられていましたが、明治二十六年十二月十六日の火災により草庵と共に焼けてしまいました。その後、焼け跡に小さなお堂が立てられ、現在でも閻魔堂と呼ばれています。また一説には、重家は尼僧の心からなる看護と真心にほだされ、草庵を去りかねてこの地に留まり、尼僧と共に仏に仕えたともいわれています。

福島東雄（一七三四～一八〇二）の『武蔵志』（註1）によれば、「鈴木三郎ハ文治二年（一一八六）義経ノ後ヲ慕ヒ奥州ニ赴クミギリ、入間郡吉田村ニテ脚ヲ損シ暫逗留ノ折、田木村ノ民ノ娘ニ通ヒ一男ヲ儲ク　コノ男ヲ三保谷四郎ノ子ニ遣シ　其身ハ奥州ニ行クトモ　又此所ニテ終焉トモ云伝フ」とあります。ここでは鈴木三郎は吉田村（坂戸市上吉田）で足を折り、そこにしばらく滞在したとき、田木村（東松山市田木）の娘と仲良くなり、男の子をもうけ、その子どもを川島領三保谷の武将三保谷四郎（註2）の養子にしたと書かれています。

『風土記稿』の表村（川島町）の項に鈴木三郎の墓が熊野神社の傍にあると記載されてい

ますが、現在は残されていません。川島町大字表にあります大御山廣徳寺に伝わる写本「大御山廣徳寺大御堂夜物語」によりますと、鈴木三郎重家は義経と頼朝とが不和になると、鎌倉の様子を探るために、田木の吉田の里にひそんでいるうちに、親しい女との間に子供が生まれました。それが水尾谷四郎であったといいます。

川島町の鈴木姓の本家に伝わる「穂積姓鈴木氏古伝之写」（註3）によれば、鈴木三郎重家が義経と頼朝が不仲と聞き、山伏姿で「田木の吉田」まで来て旅宿をとり、三保谷四郎に秘かに書簡をやり状況を聞いたところ、関係修復に畠山重忠が尽力していることを知り、その時は故郷熊野に引き返しました。三年後、両者の関係悪化により、重家再度「田木の吉田」に来て旅宿に宿泊したところ、旅宿の娘に重家との間に男子が生まれていることがわかりました。娘に泣かれてその男の子を重家が引き取ることにしました。翌朝、出発する時に男の子を連れて出ました。その足で三保谷四郎のところに行き、事情を話しました。ところが三保谷四郎が子供がいないので、嫡子にして育てると言い、子供を引き取りました。この子が後に鈴木姓を名乗り、鈴木家の先祖になりました。

鈴木三郎をめぐってはいろいろな説がありますが、奥州平泉で義経と運命を共にしたことは事実のようです。場所も吉田、田木が入り交じっていますし、そこのところが判然としないところです。

語源面から考えますと、鈴留川の「すず」はシズ、シミズと同じで、湧き水を意味し、「とめ」は行き止まりの意味です。この川の水源は湧き水で、毛塚下の湿地に流れ込んで終わってしまいますので、川の状態から付けられた地名と考えることもできます。「すずとめ川」の名前からこれらの言い伝えが生まれたのではないでしょうか。

註1　福島東雄は大間村（鴻巣市）の名主の家に享保十九年（一七三四）に生まれ、父の後を受けて名主を勤め、享和二年（一八〇二）に没しました。生来、学問を愛し、多くの書を読みました。六十一歳のころ、遍歴（へんれき）の旅に出て、数年かけて収集した資料をまとめたのが『武蔵志』です。

註2　『風土記稿』の表村の項に「源平合戦ノトキ源氏ニ属シ、悪七兵衛景清ト勇ヲ競イシ水尾谷四郎―」とある。「みおや」は水尾谷、三保谷、美尾谷とも書きます。

註3　『川島町史資料編古代・中世』

③米山薬師は有名ですが、それについて説明して下さい。

常安寺は、正式には醫王（いおう）山瑠璃光（るりこう）院常安寺という天台宗のお寺です。もとは現在地より東五百メートルの所にありましたが、昭和二十四年より二十七年にかけて現在の高台に移転してきました。当寺には以前から薬師如来がまつられていまして、米山薬師と呼ばれて

米山薬師堂

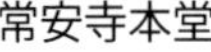
常安寺本堂

いました。当寺は宝治二年（一二四八）に創建され、開山は豪讃大和尚です。本尊は阿弥陀如来で観音勢至菩薩二体が前仏としてあります。観音勢至菩薩は明和四年（一七六七）江戸上野の仏師桜井右近の作といわれています。本堂内左手の仏壇中央にある十一面観世音菩薩は川越の三芳野神社にあったものが、明治の排仏棄釈の際に常安寺に移されたといわれています。

寺伝によりますと、天長三年（八二六）円仁慈覚大師が東北地方教化の折、当地に滞在し、自ら作られた薬師如来像をおまつりして、世の中の平安を祈ったということです。そして、この山が越後の米山を思わせるところから米山薬師と名付けられたといいます。そして、このあたりを米山と呼ぶようになりました。薬師堂は延徳年間（一四八九～九一）以降旧常安寺境内にありましたが、戦後、常安寺が米山の地に移転した時に昔のお堂跡と思われる場所に戻されました。

なお、「よねやま」とは、飯を盛り上げた様な形をした丸い山という意味です。米山の東側の低い沢を中心とする地域が米山にある沢という意味で「米沢」で、寺の総門とそれに続く参道があった場所が「大門（だいもん）」です。高坂図書館のあたりが大門で、北側の墓地が大門墓地と呼ばれています。

④西本宿には古墳が多く分布しています。それらについて説明して下さい。

浅間（せんげん）神社は、富士山に見立てた前方後円墳の墳丘（ふんきゅう）上に立てられた（今は方形の部分が崩されていて、ありません）西本宿の鎮守様です。大同年間（八〇六～一〇）、坂上田村麿将軍が岩殿山に住む悪竜を退治しようとして、日頃崇敬（すうけい）する富士浅間の御神体をここに安置して祈願したところ、悪竜の居場所を知ることができ、見事これを退治したという話が伝えられています。

また、関東管領足利基氏が浅間神社を深く崇敬し、貞治元年（一三六二）に社殿を建立したといわれています。その後、元禄六年（一六九三）から正徳四年（一七一四）にかけて改築されています。『風土記稿』には「浅間社　村の鎮守ナリ　常安寺持」と書かれています。明治以降は常安寺の手を離れ、本宿村の村社になりました。現在氏子の間で伝承されています獅子舞は、元来は「ひょうたん塚」に明治初年までまつられていた諏訪神社に奉納するものであったといわれます。『風土記稿』には「諏訪社仏性院持ナリ」とあります。

浅間神社周辺には前方後円墳を含む三十数基の古墳がありましたが、多くは破壊されてしまいました。昭和四十二年農業構造改善事業に伴う六基の古墳の発掘調査が行われました。古墳群の中で一番大きい諏訪山古墳は全長六一メートルあり、五世紀初め頃のものであって、県内では最古の前方後円墳であるといわれています。都幾川流域は早くから農耕地として利用され、台地の縁辺部から都幾川の微高地上にかけて集落があったことが分かります。

古墳上に祀られた浅間神社

⑤本宿内の「あくと」という小字地名について、説明して下さい。

この地は住み易い場所であったことを諏訪山古墳群があるということによって分かります。悪戸という地名は比企郡内にも都幾川村、滑川村等にあり、決して珍しい地名ではありません。

柳田国男は「あくと」(註1)について次のように書いています。

「よって思うに、これらの地は水害頻繁(ひんぱん)に、かつおおむね卑湿(ひしつ)(低くて湿り気のある土地)であって、民居耕作に適しなかったゆえに、最初冠するに悪の字をもってしたのであろう。しかるに堤防の術が進み、加うるに天然または人工の排水が行われ、かつ交通の便宜と戸口の繁殖の誘(さそ)いうながす者があって、しだいに旧村から下って土着する者を生じ、二百年前の平和時代においおいとこれを開発したもののようである。その証は悪の字を忌んで、これを改称した事実のすこぶる多いことである。『新編会津風土記』によれば、大沼郡高田組の阿久津村および河沼郡半沢組の阿久津村はともにもと悪津と書いたのを、寛文年中いまの字に改めた。…(略)東京付近では武蔵橘樹(たちばな)郡橘村大字明津(あくつ)は『風土記稿』によれば近いころまで悪津と書き、大里郡明戸村(現深谷市)大字明戸もまた旧称悪戸である」

要は、低湿で当初は居住に適していなかったので悪の字を使用したが、その後堤防ができ、排水も完全に実施されるようになり悪の字を嫌い改称した所もあるということです。江戸時代には縁起を担ぎ、地名に好字として、寿とか賀、喜といった文字を使い、当て字とした地名もあります。しかし、現在使用されている地名の意味を正しく理解することによりむしろ元来使用されていた地名を後世にそのまま伝えるのが私たちの役割であると思います。

「あくと」を語源の面から考えますと、あ（接頭語）・くた（腐）で、水生植物のまくも等の腐ったものが堆積している肥沃な土地という解釈と、あく（濁り水）と（処）で、洪水の起こりやすい場所とも解釈できます。

註1　柳田国男『地名の研究』角川文庫

五．岩殿（いわどの）

岩殿観音堂

①岩殿は岩でできた御堂という意味ですか。

正法寺の「巌殿山略縁起」によりますと、養老二年（七一八）、僧逸海が岩殿の嶺によじ登り岩穴に千手観世音菩薩を安置し、傍らに草ぶきの小屋を建て、正法庵と称したといいます。「殿」とは建物のことを言いますが、この場合は御堂という意味でしょう。従って、「岩殿」は岩でできた御堂ということです。現在の観音堂の背後が切り立った凝灰質砂岩の崖になっていますが、昔は観音堂のあるあたりまで凝灰質砂岩の岩山で、当初はその岩穴に千手観世音菩薩像がまつられていたのでしょう。

②岩殿の田村麿将軍の悪龍退治のことを話して下さい。

昔、岩殿山中に龍が住み着き、真夏に雪を降らせたり、寒中雷鳴を轟かせたり、そのため五穀（稲・麦・粟・稗・豆の五種類の穀物）が稔らず、その上時折村里に出てきては田畑を荒らしたりしたので、この付近の人々はこの悪龍のために悩み、苦しんでいました。

奥州の蝦夷征伐の途中、坂上田村麿将軍がこの近くを通るということを聞き、里人が悪竜退治をお願いしました。将軍は里人の願いを快く受けて下さいました。

将軍はそれから二日二晩、この村里に宿泊され、悪竜退治の計画を立てました。三日が来ました。悪竜退治の日です。ところが、夜が明けてみますと、六月一日というのに時ならぬ大雪、膝を没するほど積もっていました。田村麿将軍は家来たちを村に残し、一人で大雪を踏みしめて岩殿山に登って行きました。そして周囲の山や谷が一望できる高い場所（物見山）に登り、四方を眺めました。将軍はじっと目を閉じて、一心不乱に観世音菩薩にお祈りをしていました。祈り終わり、静かに眼を開き、北東方向を見ますと、ただ一か所雪の積もっていない沢が見えました（ここは雪解沢という地名）。「これこそ観音様のお告げ、悪竜のすみかに違いない」と考え、携えて来た強弓に大矢をつがえ、観音様にお祈りをしながら放ちましたが、その時、一天にわかにかき曇り、山はごうごうと鳴り、大地はぐらぐらと揺れ動き、生臭い風がさーっと吹いてきたかと思いますと、今まで姿を隠していた恐ろしい悪竜が姿を現しました。

見ると、将軍の射た大矢はみごとに悪竜の右の目に突き刺さっているではありませんか。悪竜はもの凄い勢いで将軍を一呑みにしようとして、近付いてきます。田村麿将軍はすこしも慌てず、二の矢を左の目にめがけて放ちました。見事に左の目に突き刺さりました。両目を射抜かれ盲目となった悪竜は最後の力を振り絞って暴れまわりましたが、将軍は弓をすて、腰の剣でのど元目がけて突き刺しました。これには、さすがの悪竜も七転八倒(しってんばっとう)して苦しみ、遂に力尽き、七つの谷に長々と死骸を横たえ、息絶えてしまいました。以後、物見山の小字地名は雪見峠になっています。

一方、里に残された家来たちは岩殿山が大荒れに荒れてきたのを見て、弓矢を持って山に登っていきました。山に着いて見ますと、家来たちは真白な雪を真赤に染めて長々と横たわる悪竜の死骸の中にいる将軍を目にしました。

田村麿将軍は悪竜の首を切り落とし、その首を家来に担(かつ)がせて、観音様の前に供え、御(ご)利益(りえき)のお陰で悪竜を退治することができたというお礼を申し上げて、山を下りました。

里人は田村麿将軍や家来たちの労苦をねぎらうために、各家の前にすくもり（小麦のばかぬか）を燃やして暖を取ってもらい、小麦粉でつくった饅頭を差し上げました。悪竜の首は岩殿山の麓に大きな穴を掘って埋め、二度とこの世に出て来られないように大きな石で蓋をしてしまいました。のちに、天正年間（一五七三～九二）正法寺中興の祖英俊（えいしゅん）が首を埋めた場所に弁財天を祀り、周りに池を掘りましたが、悪竜の祟りのために蛙が住み着かない池になってしまいました。この池は「鳴かずの池」と呼ばれています。

現在ではあまり見られなくなりましたが、二、三十年前までは高坂地区の農家では六月一日には門口ですくもりを焚き、小麦粉で饅頭をつくって、田村麿将軍の御恩に感謝しておりました。このすくもりの火で尻をあぶると、無病息災の魔除けになるといわれ、饅頭のことを一名「尻あぶり饅頭」と呼んでいました。

『巌殿山略縁起』に依りますと、概略次の様になっています。

鳴かずの池

延暦年中（七八二～八〇五）山中に悪龍住み、人民を害す。田村麿将軍武蔵野に向い、笛吹峠に陣を構えた。以後三日間探したが、悪龍のありかを見ず。その日野本郷に宿す。翌日将軍岩殿に登り、悪龍征伐のことを祈祷す。その夜観音前にて通夜し、明け方高僧枕に現れ告げて曰く『我力を添て退治せしめん。明日必ず瑞相を示すべし』。時は六月の初めなるに、卯の刻（午前六時）より巳の刻（午前十時）迄雪降る所尺余、山野白雪となる。将軍よろこび諸卒を率て比企の嶺に登り、四方を見給う。北山の半腹に雪の消たる所あり。将軍怪しみ、諸卒に命じてそこを攻めさせた所、悪龍姿を現す。この時空中に童子現じ、つるぎ振ってこれを防ぎ、またよろい武者鉾をたずさへ悪龍に立ち向かう。将軍観音様を念じて箭を放つ。忽ち山鳴り、雲起り、大雨大木を倒す。暫しありて雨晴れ雲収まり、悪龍地にありて一箭に死す。将軍喜び、再び奥州征伐のことを祈願し、奥州に向かう。将軍此のよしを奏聞す。叡感浅からず。不日に伽藍建立の宣旨をたもう。

『鞍馬蓋寺縁起』には、利仁将軍の下野国高坐山の群盗退治の話が記載されいて、特に六月に大雪が降り積もったのを凌いで戦った話は岩殿の悪龍退治と似かよっています。岩殿の悪龍退治の伝説の中では、利仁将軍と田村麿将軍が混淆されています。藤原利仁の系列の比企氏、野本氏の一族が高坂、野本地方に在住していたことを示しています。

③「鳴かずの池」及び市指定文化財の阿弥陀堂板石塔婆について詳しく説明して下さい。

この池は天正年間（一五七三〜一五九二）に正法寺の中興の祖英俊が作ったとされています。九十九川が岩殿集落の北側を流れ、山麓沿いにこの池のあたりを流れるのが地形的に考えるのが自然です。川が流れずに、池がある点にこの池が人工の池であることがわかります。

近くにある阿弥陀堂墓地からは常滑蔵骨器が見つかり、十三世紀のものと比定されています。ここに胎蔵界大日如来種子板碑があります。この板碑は高さ二六〇センチ、幅五八センチ、厚さ八・五センチで、市内第二の大きい板碑です。碑面には法華経の経文と五〇名の法名、中央に応安元年（一三六八）戊申八月二日庵主朗明　明超上人と刻まれてあります。十三世紀末から十四世紀にかけて浄土思想に基づく寺院がここにあったことが推定されます。その寺院の南面伽藍の前にあった池が「鳴かずの池」として残されているということです。

正法寺は当初は天台宗の寺院でしたが、室町時代、戦国時代の動乱の中で荒れ果て、復興は真言宗の古刹大智寺（坂戸市）の力を借りて行なわざるをえなかったのでしょうか。僧英俊は大智寺で修業したということが分かっています。

悪龍退治の話も「鳴かずの池」に悪龍の首を埋めて、それが原因で池の水が濁り、蛙の住めない池になったという伝説が生まれたのかも知れません。

地質的にみると、第三紀中新世（一五〇〇万年前）の泥岩の層を通ってきた地下水は濁っています。岩殿集落の井戸水は、昔はそのような水でした。

結論的に言いますと、岩殿観音を中心とする岩殿丘陵が開発されるのが、緩傾斜部分が五世紀末からで、六世紀後半に大きく発展します。丘陵の尾根筋に達するのが八世紀で、岩殿観音が養老二年（七一八）に僧逸海に草創したという寺伝に適合します。観世音菩薩が住むという補陀落山（ふだらくさん）が物見山であったのでしょう。

岩殿山中の発掘調査で、八世紀中頃から九世紀中頃までの蔵骨器が発見されています。奈良・平安時代の郡長クラスの埋葬地として使用されたと考えられます。これに対して、阿弥陀堂周辺は宇治の平等院のように民衆の浄土を体験できる場であったと思わます。現在でもこの周辺に岩殿集落の共同墓地があります。

④阿弥陀堂板石塔婆の少し東側に足利基氏の塁跡がありますが、基氏の防塁跡がどうしてこのような場所にあるのですか。

阿弥陀堂板石塔婆にある応安元年（一三六八）の年号があり、左端にある文字をみると、明超上人が真言宗の教えが死後の世界でも効用があるようにと書いてあります。応安元年というと、「秩父・畠山ヨリ分ル武蔵平氏六頭ハ、河越太郎、高坂ノ次郎、豊島ノ三郎、江戸ノ四郎、高山ノ五郎、足立ノ六郎」（『常陸大掾伝記』）の武蔵平氏の鎌倉府に対する反乱のあった年です。平一揆が起こったのが二月で、板石塔婆は八月に建立されました。

高坂氏重は河越氏と親戚関係で、『太平記』にはしばしば連名で登場しています。乱の発生後、上洛していた関東管領の上杉憲顕は急遽鎌倉へ帰り、鎌倉公方基氏の子氏満と協力して六高坂の地名月には河越館、高坂館を滅ぼしました。

応安元年に基氏は死亡してますから、高坂氏が臣従していた基氏の塁跡でなく、高坂氏

足利基氏の累跡

の墨跡ではないでしょうか。

正法寺に伝わる「坂東第十番武蔵国比企郡岩殿山之図」には、九十九川に架(か)かる宗門橋の北に比企判官旧地とあります。そのことから、高坂氏の館跡は比企氏の館跡であった可能性はあります。

源頼朝の信任の最も厚かったのが比企氏で、頼朝も妻政子も守り本尊の岩殿観音を深く信仰し、従って、比企判官能員も岩殿観音を管理し、いろいろな建物を建てたといわれています。

⑤岩殿の集落は門前町としての形態をかなり残しています。それについて説明をして下さい。

観音信仰と観音札所巡礼は平安末から行われ、まず西国札所が成立しました。坂東三十三か所札所は鎌倉幕府の成立により可能になりました。札所は関東一円にまたがり、最初は武士や僧侶が中心でしたが、のちに町人や百姓にまで札所巡(めぐ)りが普及していきました。岩殿観音は坂東十番の札所として多くの人が訪れ、近世末には仁王門の前から東西に延びる参道沿いに門前町が出来上がりました。そのころには宿屋一七軒、小間物屋、餅菓子屋、綿屋、運送屋、油屋等三五軒が軒を並べていたといいます。

現在もあります仁王門前の丁子屋は代表的な旅籠「刺し身は川越か、岩殿の丁子屋」といわれる位、新鮮ないいものが食べられたそうです。大正七年（一九一八）発行の『岩殿山案内』には「御旅館御料理仕出し　高坂村岩殿山麓　丁子屋」の広告が写真とともに掲載されています。東上線池袋駅にも広告があったといいます。

岩殿の門前町

⑥判官塚が参道の中間のところにあるのですが、比企氏と関連がありますか。

判官塚に行くと、そこには比企明神が祀られています。昔はこの近くの山林の中にあったのですが、大東文化大学が岩殿に校舎を建築する際に移転せざるを得なくなり、ここに移動しました。その移築記念碑に次のように刻まれています。

判官は比企判官能員（よしかず）の追福のため、築きしものと言い伝う。その由来は詳ならずと『風土記稿』に記されている。（中略）建保六年（一二一八）頃、岩殿に居た能員の孫員茂（かずしげ）は、

観音堂の東南の地、南新井に塚を築き、能員の菩提を弔ったという。何時の時代か比企明神として祭り崇め、参拝するようになり今日に至ったもの。このたび、大東文化大学キャンパス開発造成工事に伴い構内となるため、氏子一同相計り現在地に遷し祭る。

選文は氏子総代戸井田敏氏です。

その他、比企氏関係石碑は、観音堂の石段の中程の所に「正嘉元年（一二五七）の古碑」があります。

この碑は、観音堂前別当「左金吾禅門覚西」の追福碑です。『吾妻鏡』には源頼家の出家後を「左金吾禅室」、「左金吾禅閣」と記しています。覚西はその法号と考えた場合、比企氏の氏寺である観音堂と深い関係のある頼家が初代の別当であることに不思議はないと思います。この碑は頼家の死後五十余年後に建立された追福碑です。

⑦岩殿集落では、「祖父が太洋島に行った」という話を聞きます。太洋島（オーシャン島）はどこにある島ですか。

観音堂前に大きな一対の石灯ろうがありますが、その由来については、近くの記念碑に詳しく書いてあります。

明治期の高坂村は、予算規模で日清戦争で二倍、日露戦争で更に増大しました。歳出の九〇％は教育費と役場費用でした。その上、明治四十三年（一九一〇）の水害では村内の堤防も数か所決壊し、その為増税を余儀なくされました。

岩殿の全盛期は江戸時代の中期から末期にかけてで、明治になり廃仏毀釈のため観音様の参詣客が激減して、岩殿の門前町もすっかりさびれてしまいました。

山形県士族渡部家が江戸から岩殿に落ちついたのはそんなときでした。渡部源次郎は士族の商法で貸金業を始めまして、これが成功しました。長男の潤（ひろし）は生まれながらにして、資性剛毅（しせいごうき）進取の気性に富み海外に雄飛することを夢見て、東京の北門義塾に明治二年に入学し、英語を学びました。卒業後は外務省、警視庁等に勤務し、明治二十七年以降はオーストラリアのさとうきび農園の日本人労働者の監督として現地に滞在して活躍しました。

明治三十年代になり、国内の養蚕業の発展に伴い、桑畑に必要な過燐酸石灰の需要が高まりました。それに目をつけた三井物産が過燐酸石灰の原料である燐鉱石を海外から輸入しようとしました。当時の燐鉱石は南太平洋のさんご礁からできている島の海鳥の糞が堆積してできた燐鉱石が中心でした。

そこで、イギリス領ギルバートエリス直轄植民地（現キリバス共和国）のオーシャン島の燐鉱石に目をつけました。この島の燐鉱石は、イギリス系の太平洋燐鉱石会社が採掘していました。日本に輸入するには、日本から鉱石を採掘する労働者を送らなければなりませんでした。現地の日本人労働者の監督兼会社との交渉を担当したのが渡部潤です。渡部潤は明治三十九年から大正二年まで現地に滞在していました。そして、老齢を理由に会社を退社し、「瀟洒（しょうしゃ）な邸宅を構え、故山の月雪花を愛し、余生を楽しむ」（註1）つもりで岩殿に落ちつきましたが、当地で見たものは貧困な生活にあえいでいた住民の生活でした。一旦は退職した身ですが、三井物産の関連の労働者を海外に送り出す会社、日本植民合資会社の出張所を自宅に設け、郷里の人々をオーシャン島に送り込みました。

三井物産及び太平洋燐鉱石会社と労働者である本人が交わした二枚の契約書が残されていますが、一日の労働時間は九時間、平均月四三円ほどの収入があったといいます。当時の賃金水準を大正五年の『高坂村誌』でみますと、農作業で一日三〇銭、大工は五〇銭の時代でした。契約期間は二年間でしたが、契約期間を終わると、千円持ち帰れると評判を呼びました。

観音堂前の記念碑の文面によりますと、大正四年にこの一対の石灯ろうを奉納したこと、奉納者は高坂村二八名、野本村二名、唐子村四名、松山町一名、今宿村十二名、亀井村二名、西吉見村一名、入西村七名、三芳野村二名、坂戸町一名、毛呂村二名、山根村四名、川角村一名、秩父郡吾野村一名、大里郡深谷町一名の合計六九名となっています。オーシャン島への出稼ぎは、大正の終わりまで続きました。

註1　本人の履歴書の記載による

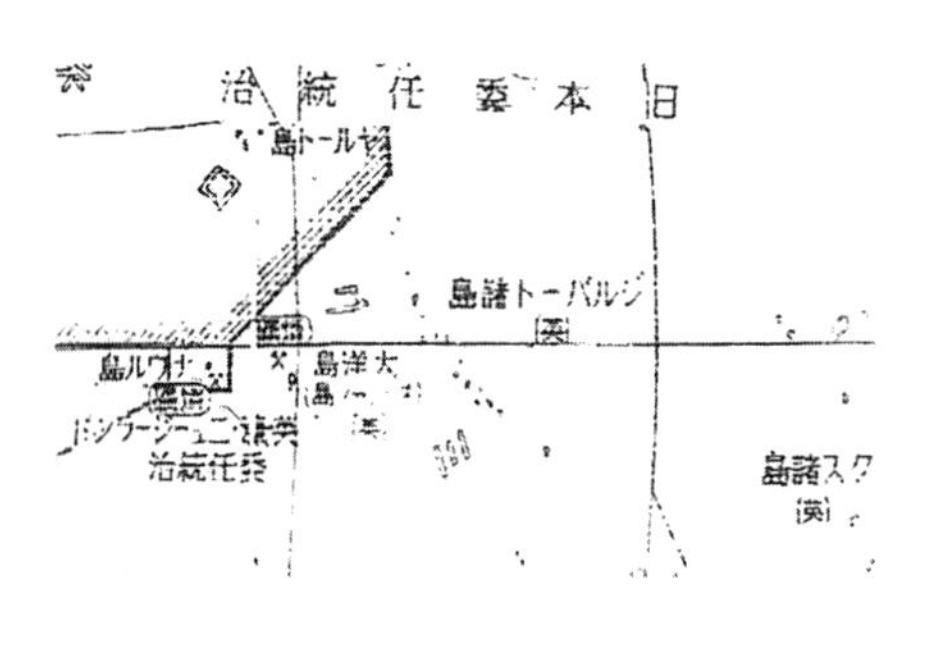

オーシャン島の位置
三省堂（1938）：『新制最近世界地図』

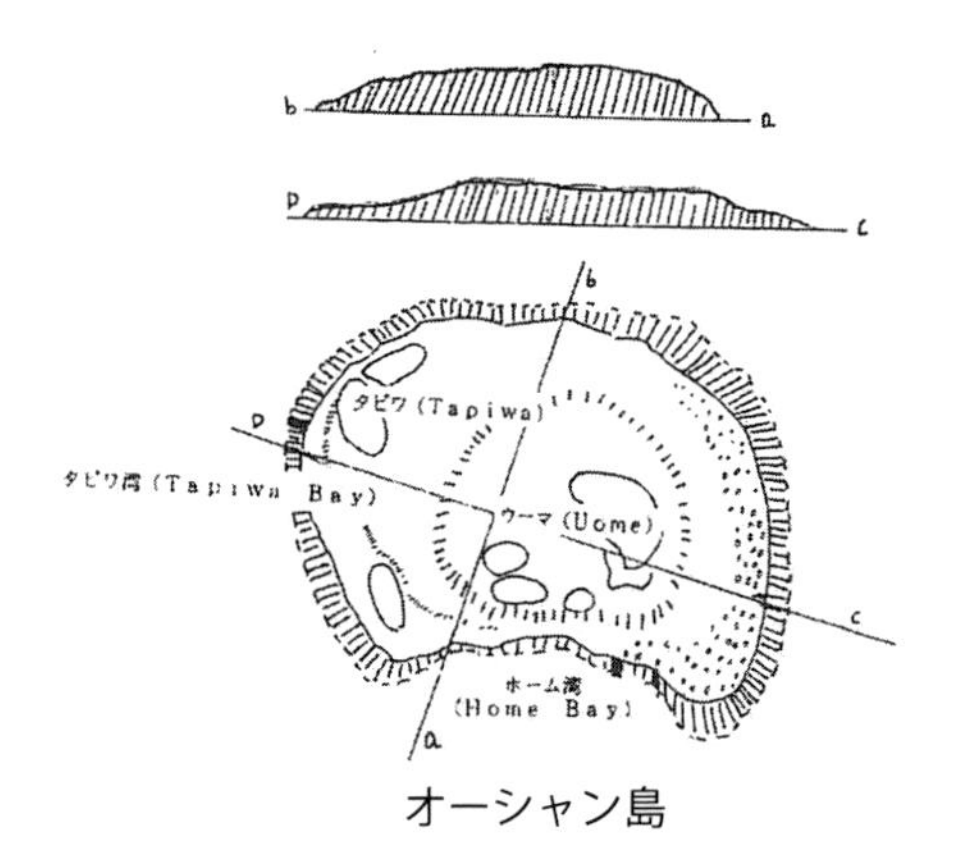

オーシャン島

六．宮鼻（みやはな）

①宮鼻の地名の由来を説明して下さい。

宮鼻は台地の先端にある集落という意味です。中世武士小代氏が活躍していた時代には、この地も小代館の一部であったものと思われます。そのように考えますと、源氏の武将が深く崇敬していた武の神八幡神社がここに勧請（かんじょう）されたことは当然のことです。

江戸時代の領主横田氏も八幡神社を深く崇敬し、神社に自らの兜（かぶと）の八幡座（はちまんざ）（八幡神

横田氏奉納の石灯籠

の宿る所をいう。兜の鉢の中央の穴の部分がそれに当たります）を奉納したと伝えられています。

そして、宝永五年（一七〇八）正月と享保五年（一七二〇）正月に横田由松（よしまつ）から石灯籠（とうろう）が奉納されました。

宮鼻香林寺の板碑は、十三世紀中頃の小代氏時代のものから、小代郷が売却され他の領主支配になったと思われる時代のものまであります。

香林寺

香林寺の石碑

②小字「代正寺」にあった寺は川島町伊草に移動して、大聖寺になったといわれていますが、それについて解説して下さい。

小代氏が文永八年（一二七一）幕府からの関東御教書により肥後国への下向を指示されました。小代氏の時代からあった寺のうち、代正寺が川島の伊草に移動し、地名だけが残りました。『風土記稿』の伊草宿の項に「大聖寺　藺草山自性院嶋之坊ト号ス。昔ハ草芽山ト号セシガ何頃ノ住僧カ文字不雅ナルヲモテ書改メシト云フ。新義真言宗、入間郡石井村大智寺末。本尊大日ノ像ヲ安ス。開闢ノ年代詳ナラズ。当時ハ昔宮鼻村ニアリシガ天正年中当所へ移セリ。（略）」とあります。天正の頃と言いますと、一五七三年～一五九二年ですので、戦国期から江戸期へと移行する頃です。どのような理由で移転したのかは分かりません。

大聖寺（比企郡川島町伊草）

伊草の大聖寺は昔草葺屋根の間口十五間（二七メートル）、奥行六間（一〇八メートル）の本堂に大きな庫裏が併設された立派な寺で、山門の脇には白壁の塀があり、実に荘厳だったといわれます。その塀も関東大震災の折に倒れ、今は山門だけしか残っておりません。この寺の薬師堂は川越城主松平伊豆守信綱が日光参拝の折、立ち寄ってお茶を飲み休まれた場所だといわれています。当時の茶釜と茶碗が寺宝として保存されています。さらに後日、信綱より床飾りのくす玉が寄贈され、これも保存されています。

国道四〇七号バイバス工事の際発掘工事が行われた代正寺遺跡の瓦は、一三世紀前半のものであるといいます。小代氏全盛時代のもので、代正寺の瓦であったかも知れません。

③大黒部という地名はどういう意味を持つのでしょうか。

大黒部は「おお（大）・くる（転）・べ（辺）」で、越辺川が大きく曲流するところという意味です。『風土記稿』の毛塚村の項に「小名　大黒部　宮鼻村ノ地ト犬牙（けんが）セリ」とあります。犬の牙のように毛塚の土地と宮鼻の土地が入り組んでいるということです。この状態は現在まで続いていて、大黒部は毛塚地番・宮鼻地番が入り組んでいて、一部、大黒部集会所の近くに大黒部地番の土地がありますが、面積的には広くありません。

大黒部は旧村としては存在していませんでしたが、『風土記稿』に小名として記載されているということは、八王子街道沿いに集落が形成されていたことが分かります。坂下にある地蔵様と庚申（こうじん）様のうち、地蔵様の台座には「享保四巳亥天二月吉日　念仏供養仏　施

地蔵様と庚申様

大黒部の商店

主大黒部村」とあります。享保四年は一七一九年で、徳川吉宗の時代です。そのころから通称として大黒部村と言っていたようです。

八王子街道の整備に伴い、街道沿いに人家が並び、高坂宿の延長として街道依存の茶店等の店があったものと思われます。

大黒部という地名の由来については、大きな「くろべ」の木があったところから付けられたという説があります。「くろべ」はヒノキ科の「ねずこ」という常緑針葉樹の別名で、木曽の五木の一つに数えられています。大黒部に七福神の恵比寿大黒の大黒を宛て、大黒部としたということが考えられるという説もあります。しかし、少なくても集落名になるような木でしたら集落内に保存されているか、または、伝承くらい残されているはずです。そのような点からこの説はこじつけと考えられています。

④大黒部の坂下から宮鼻に行く台の下の道を行くと、左手に畳六帖ほどのダイリボッチという窪地がありました。ダイリボッチの説明をして下さい。

ダイリボッチのあった場所については、九十九川沿いの水田の中の小さい丘状の場所（ボッチ）をいうという人もいて、正しい場所は分かりませんが、明治二十九年生まれの故石井金造氏が八十四歳の時印刷されました『吾が郷大黒部』の記述を採用しました。

この窪地は、ダイリボッチという巨人が腰を下ろして、お弁当を食べた時できた跡であるといわれておりました。そして、お弁当をさいかちの木の枝を箸にして食べた後、九十九川の岸にその箸を立てておいたところ大きなさいかちの木（註1）に成長したといいます。今はその木はありません。

また、田木の立野の裏山にデイロブチという大きな人の足型の窪地がありました。この足型は昔常陸（ひたち）の国（茨城県）の筑波山に雲突くほどの大男がいて、筑波山から立野まで三十六歩で歩いてきた時のものであるといっておりました。

これらの話は、北関東を中心に伝えられている巨人伝説に関係しているものと思われます。それは、昔『大太郎法師（だいたろうほうし）』という仏道修行の大男がいたのだそうです。この男は榛名山（一三九一メートル）に腰を下ろして、坂東太郎（利根川）で足を洗ったといわれています。この「だいたろうほうし」がいつの間にか「デイロブチ」になったり、「太郎法師」が「太裏法師」（だいり）になり、「ダイリボッチ」になったものと思われます。

窪地の様な自然物に人間の力を超えた巨人の力によるものと考えた昔の人の想像力の豊かさは、すばらしいものであると思います。

川越・児玉往還の島田へ通じる道が水路を横切る場所にあった橋が大裏橋という橋でしたが、土地改良の際なくなりました。大裏橋の上（かみ）の水田が「大裏道上」という小字になっていて、この地名だけは現在まで残されています。

註1　さいかち―豆科の落葉高木。幹や枝にとげがあり、夏に黄緑色、四弁の花が咲きます。さやと種子は共に漢方薬に使用されています。

◎大西遺跡の発掘

大黒部の国道四〇七号線と旧道の間で、高坂東口区画整理事業に伴う発掘作業が行われています。ここの小字が大西となっていますので、ここの遺跡は大西遺跡と呼んでいます。平成十七年から実施され、現在まで継続中です。これまでに、弥生時代、古墳時代、奈良・平安時代の住居跡、土坑(どこう)等が出土しています。台地下に湧水がありますので、ここには古代の大集落があったことが推定されています。遺跡の中から方形周溝墓群があり、平安時代の廃寺跡があって、そこから風(ふう)字硯(じけん)が二面見つかりました。風字硯とは、風の字をした硯のことを言います。

七．正代（しょうだい）

①正代は古くは小代氏という鎌倉武士が居住していた土地でした。小代がどうして正代に変ったのですか。

高坂台地が東に張り出した部分を、中世には小さな台地という意味で「小代」と呼んでいたものと思われます。三方が水田に囲まれ、七清水八坂あり、古くから開けた土地で、弥生式土器や埴輪（はにわ）等が畑から発掘されています。鎌倉武士小代氏が肥後国野原荘の地頭となって移住してしまった後、この土地は音を生かして正代になったのではないかと思います。

②小代氏について、解説して下さい。

小代氏は武蔵七党の中の児玉党の出身です。武蔵七党とは、武蔵国の七つの武士集団のことをいいます。これらの武士の先祖はほとんどが国司（こくし）として武蔵国に赴任し、在任中から墾田（新しく開発した土地）の開発を行い、その土地を私有化し、そのまま豪族になっていきました。そして、武蔵国に広く設けられていた牧場を手に入れ、漸次武士化していきました。彼らは馬を使用した騎馬戦法を駆使し、勢力を伸ばしていきます。

児玉党は、治暦・延久年間（一〇六五～七四）に有貫主維行（有道維行）という人が武蔵守を離任後も児玉に定住して児玉党と名乗ったことから始まりました。児玉党の勢力範囲は児玉、入西両郡のほか、熊谷、川島等県北の広い地域に及んでいたようです。有貫主維行の孫に当たる入西相行（現在の坂戸市入西原に定住していたので入西姓）の二男遠弘が小代郷に定住してから小代氏を名乗るようになりました。小代遠弘の子行平は頼朝の有力な御家人（鎌倉幕府の将軍と主従関係を結んだ武士）で、その活躍は『吾妻鏡』にも散見し、『平

◆児玉党一覧

系譜及び主な居住地	一族
武蔵守有道の後裔と称し、児玉・秩父・比企・入間から上野にかけて居住した。	児玉・秩父・片山・豊島・吉田・大河内・稲島・高山・柏崎・大浜・白倉・矢島・大塚・岩田・牧野・黒岩・岡崎・朝羽・小見野・長岡・栗生田・大河原・塩屋・本庄・庄・金沢・阿佐見・栗栖・高尾・奥平・名倉・入西・小代・越生・浅羽・四方田等

武蔵七党とは、平安末期の武士団で、横山・猪俣・野与・村上・児玉・西・丹党をいう。

埼玉新聞社『埼玉大百科事典5』

家物語』にも「勝大八郎行平」として登場します。行平は源範頼（頼朝の弟）に従い一の谷の合戦に従軍し、大手口の攻撃に当たり、文治五年（一一八九）には頼朝に従い奥州合戦に参加し、阿津加志山の合戦では先駆けをしました。また、建久元年（一一九〇）に源頼朝が入洛したとき、随兵を勤めました。建久四年（一一九四）頼朝が下野国（栃木県）那須野から信濃国（長野県）三原へと狩を催したときに、大蔵の宿に行平は郷里で興仏寺（毛塚字川辺にあった小代氏の菩提寺）の建立をおこなっていて遅参しましたが、頼朝は行平に黒馬を与えてその労をねぎらいました。建久六年頼朝は東大寺の供養に参加しましたが、この時も行平は随兵に加わったといいます。このように行平は源頼朝に忠勤を励んだので信任が厚く、かつて伊豆の御山に参詣したとき、行平の肩に手を置いて「頼りにしている」と話しかけたほどであるといいます。

　行平は建仁三年（一二〇三）に比企能員が北条時政に謀殺された「比企氏の乱」の時は、北条時政邸に駆けつけ防衛に当たったので、その恩賞として越後国青木郷（新潟県上越市）、中河保（同新井市）、安芸国見布之庄（広島県千代田町）の地頭職を幕府から与えられました。

　行平は甥の俊平を養子として承元四年（一二一〇）に譲状を与えて、小代郷を譲り渡していますが、その内容としては、屋敷、阿弥陀堂、それに越辺川・高麗川の自然堤防上の上吉田、赤尾、島田と思われる集落と本田二四町歩が記載されています。そして、譲状から島田の北側、即ち、正代、宮鼻の前で越辺川が大きく蛇行していて、川の南側は鎧のさね形（鉄や革でできた細長い板で紐を通す穴があいている）の砂状の場所であったこと、その東の宮鼻から正代耕地のあたりに「えそ沼」という沼があり、更に「えそ沼」の東に「しお沼」という沼があったことが分かります。

御霊神社

『坂戸市史　通史編1』では、御霊（ごりょう）神社の場所に小代氏の館があったことは間違いないが、行平の館跡であったかどうかについては疑問を投げかけています。行平は鎌倉時代初期にはかなり活躍し、小代氏を代表する武士であったことは確かですが、系図にのるだけでも四人の兄が存在し、御霊神社の館には長男の小太郎経遠が住み、行平の館は興仏寺の近く、すなわち、大字毛塚字川辺の近くにあったのではないだろうかと推論しています。

③小代氏はどうして肥後国（熊本県）に移動したのですか。

小代氏は俊平の子重俊（しげとし）、その子重康（しげやす）と続きますが、重康に勲功があり、幕府は宝治元年（一二四七）重康の父小代重俊を肥後国野原庄の地頭職に補任しました。野原庄は現在の荒尾市にあった広大な荘園でした。小代氏は野原庄以外でも地頭をやっていて、それぞれ地頭代を置き、小代氏一族を統率する総領（そうりょう）は小代の地に居住していました。

野原庄で小代氏の代官を務めていたのが、児玉党一族の塩谷左近将監家盈（しおやさこんしょうかんいへみつ）とその子孫ではないかという推論が荒尾市の郷土史家がされています。

ところが、文永八年幕府は小代重俊及びその子らに、蒙古人襲来に対する防御と領内の治安維持のため自身で野原庄に移動するよう命令を出しました。そこで、重俊は老齢のため小代の地に残留して、息子の重康兄弟が野原庄に移動し、そこに居住します。重俊は小代の地で死亡しました。野原八幡宮の『神事流記帳』の中に「五月二十八日地頭殿下向蒙古人沙汰（来襲の知らせ）ノタメ也」と記録されています。

文永十一年（一二七四）十月、蒙古軍は九百隻の軍船に三万三千人の兵が乗り込み、来襲して来ました。まず、壱岐（いき）・対馬（つしま）を占領し、ついで筑前（福岡県）の博多に上陸し、太宰府近くまで押し寄せてきました。彼らは陸地に露営しないで、夜間は船に引き揚げるという戦法を取っていましたので、折りからの暴風雨のため三百隻近い軍船が沈み、未曾有の国難はひとまず回避できました。『八幡愚童訓』という本の中に、参戦した武士として小弐・大友・菊地・小玉党が挙げられていますが、小玉党は児玉党で、小代重康らも活躍したことが分かります。

文永の役(えき)の後、幕府は蒙古軍の再来襲に備えて西国の御家人をすべて領国に帰し、博多に長大な石塁(せきるい)を築きました。そうした中で、蒙古は日本に使者を送り朝貢を要求しましたが、執権北条時宗はその要求を拒否したばかりでなく、使者を鎌倉で切り捨てました。そのため、蒙古軍は弘安四年(一二八一)に今度は東路軍四万人、江南軍十万人の二手に分かれて九州に来襲して来ました。この時も再び暴風雨があって四千隻以上といわれた軍船の殆どが沈没し、戦わずして敗退してしまいました。蒙古軍の軍船で残ったのは僅か二百隻足らずであったと言われています。これが弘安の役です。

青蓮寺(しょうれんじ)の境内には、弘安四年(一二八一)に建立された小代重俊の仁徳を慕った大板石塔婆が残されています。この板碑は元からここにあったものではなく、折本山の大日堂跡から移してきたものであるといいます。その銘文には「それ聖霊(亡き重俊)は撫民(民を慈しむ)の徳これ深く、仁恵の情も厚い人」と刻んであります。よって、「故人の仁徳を慕って諸衆合力してこれを建立した」と書かれています。

一族の総領は肥後国に移住しても、まだこの時代までは一族の分家筋に当たる庶氏家は残っていたようです。これらの庶氏家も次第に肥後国へ移住していきました。青蓮寺の境内の大板石塔婆は、肥後国の小代氏の活躍で蒙古軍を撃退した武蔵武士のモニュメントと考えてもよいでしょう。

青蓮寺

小代重俊供養塔

④西形、中形、東形の地名の形（かた）は何を意味するのですか。

「かた」は屋形の省略形で、豪族の館という意味です。従って、東形は東の館、中形は中の館、西形は西の館、駒形は牧場がそれぞれあった場所ということです。中形の青蓮寺あたりにその拠点の居館が存在していたと考えられます。ここでは空堀と土塁の存在が確かめられています。東形でも空堀と土塁があり、中形からみて鬼門の方角に当たるので世明寿寺の観音堂があります。仁王門は昔は艮の登坂口にあり、低地を睥睨(にらみつける)していました。東形には鋳物遺物の出土がありました。小代鋳物師の作品は嵐山町大蔵の向徳寺にある阿弥陀三尊像で、中尊台座背銘に「武州小代冶鋳し奉る」と刻まれています。

また、東京都八王子市竜光寺にある文和二年（一三五三）一月二七日在銘の「名号結衆板碑」の銘文中に「仏師小代住い円性」とあります。円性という仏師が住んでいたことが分かります。また、宮鼻の八幡神社の前の水田を小字で番匠免と呼んでいます。番匠とは大工の古い呼び方で、ときがわ町にもある地名です。『風土記稿』にもときがわ町の番匠については、「慈光寺造立のため、右大将頼朝より番匠免として此の村に寄付有りしかば、かく呼べりとも云」とあります。このように考えますと、小代氏関係の館を建築した棟梁に与えた年貢を免除した水田かと思います。この棟梁達は西形に住んでいたのかも知れません。

駒形は馬の牧舎があったところかと思います。県の埋蔵文化財調査事業団の代正寺・大西遺跡の発掘調査では、駒形の西に当たる場所で柵列が発掘されたということです。小代氏の戦闘集団で使用した馬の飼育場だったのでしょう。

世明寿寺

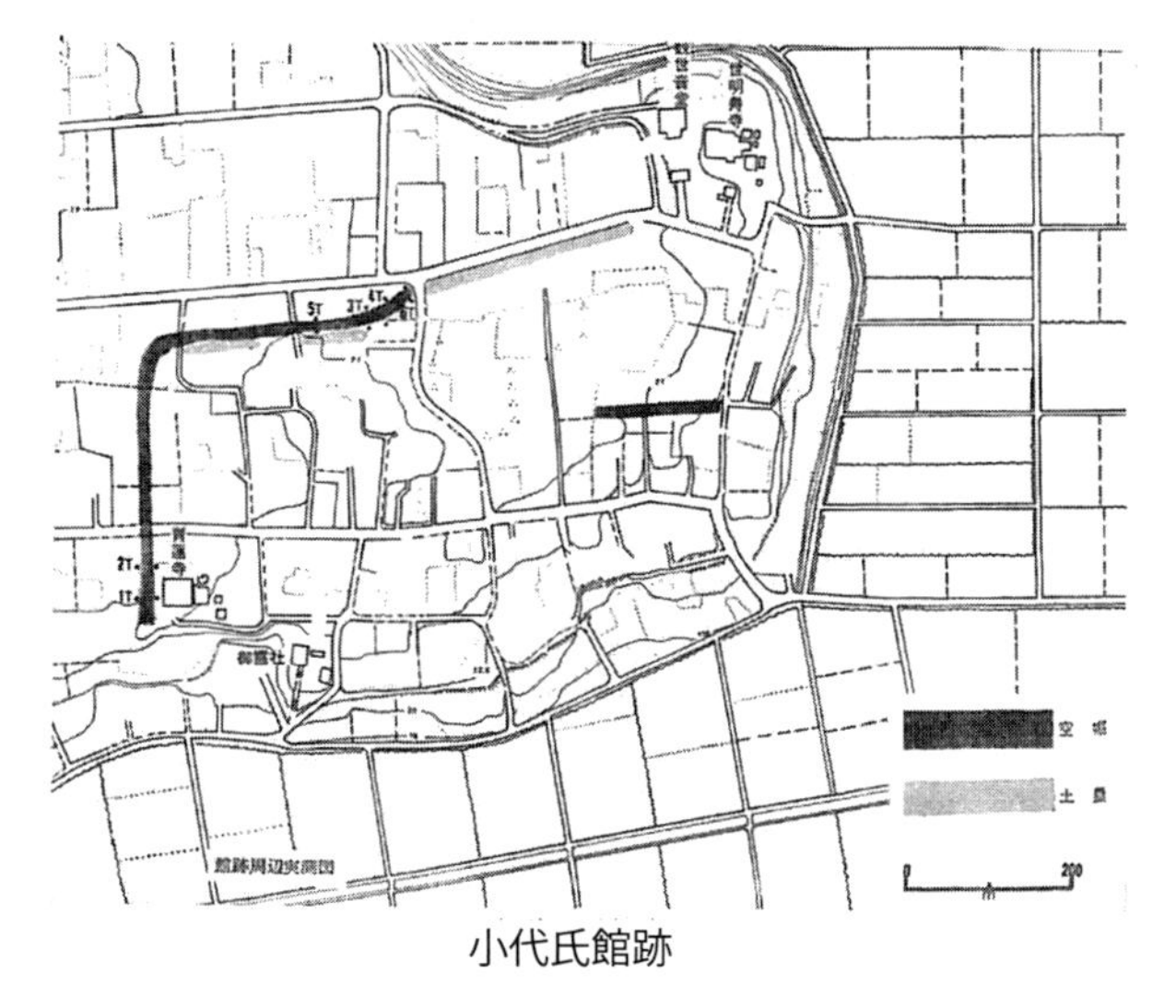

小代氏館跡

東形にある曹洞宗東崎山世明寿寺の千手(せんじゅ)観音は、俗に東崎(とうさき)観音と呼ばれて、家内安全、交通安全、子供の夜泣き止めなどで知られています。昔は「馬の観音様」として知られ、広くなっている参道で競馬が行われたといいいます。

⑤御霊神社の祭神は、鎌倉権五郎景政でしたが、資料から見て源義平でないでしょうか。

児玉党は古い時代から源氏と主従関係があり、小代氏がここに館を構える前から源（悪(あく)源太(げんた)）義平が「岡の屋敷」という館を造り、住んでいました。

『小代行平置文写』には次のような意味のことが書かれています。

「小代の岡の屋敷は源氏の大将軍源義朝(よしとも)の子息で、源頼朝の兄に当たる悪源太義平が叔父の源義賢(よしかた)を討ったとき住んでいたので、御霊神社は悪源太義平の御霊(ごりょう)を祭ってあります。将来、小代を知行地として支配しようとする者は怠りなく信心し、崇敬するようにして下さい」

御霊神社の由来書によると、鎌倉権五郎景政を祀ってあるとされていますが、誤りです。義平は鎌倉源太と称していたので、後世になって混同したものと思われます。

源義賢は義平の父義朝の弟で、上野国（群馬県）多胡郡に住み、東宮御所を警備する帯刀先生（長官）を勤めていましたが、ある事件に関係して辞任、多胡に戻りました。そして、義賢は合戦に先立つ二年前の仁平三年（一一五三）夏に、秩父重隆の養子になって大蔵館に住むようになり、武蔵国の武門の棟梁として君臨するようになりました。重隆は武蔵国留守所総兼業職をつとめた秩父重綱の子で、河越氏の祖となった人物です。重綱の長子重弘は畠山氏の祖となった人です。重弘の子重能は重隆の勢力が伸長し、その上清和源氏の系統から養子を貰ったことを快く思わなくなってきました。そこで、清和源氏嫡流（本流）の悪源太義平と結び、重隆義賢を討つことにしました。これが大蔵館の合戦です。

戦いは、義平に率いられた重能や小代氏ら児玉党の活躍により、重隆と義賢は殺され、義賢の子駒王丸（後の木曽義仲）は斉藤実盛らに守られて信濃国（長野県）木曽に逃れてあっけなく終わりました。

義平はこのように武蔵を平定しますと、都に駆けつけ父義朝を助けましたが、その後平治の乱で敗れ、義朝は討死しました。義平は単独でもこの仇をそそぐつもりで逢坂山に進入しましたが、難波次郎に捕えられ六条河原で一九歳の若い命を散らしました。義平は「雷になって汝（難波次郎）を蹴殺さん」（『平治物語』）といって死んだといいます。

「御霊」というのは、非業の死をとげた人の霊をいいます。源氏の総領に生まれながら無念のうちに死んだ義平の霊を、小代行平岡の屋敷の跡に御霊として丁重に祀りました。

⑥御霊神社には小字弁天にあった市杵島(いちきしま)神社、東形の八坂神社、小字田谷の稲荷社が合祀されています。合祀されている神社についてのいわれを話して下さい。

市杵島神社は水利を司る水神を祀った神社です。「いつくしま」は、「いつ(厳)・くね(曲)・しま(島)」で、旧流路であった沼地の中の小高い場所という意味でしょう。ここの島の部分に弁天様が祀られ、水利の神様として信仰されてきました。そして、東形の八坂神社は現在でも正代の集落を挙げての諸病退散の夏祭りで知られています。田谷とは、「た(田)・や(湿地)」で湿田という意味です。ここにあった稲荷社は大変厳しい神様であるといわれていいます。かつてこの境内にあった樹木は稲荷神の依代(よりしろ)とされ、「丑刻(うしのこく)参り」の対象とされていました。そして、この樹木を切れば不幸が起こり、農作業のとき境内の木に牛をつなぐだけでも恐怖のあまり牛が暴れ出したといいます。

ここから精進場(九十九川と越辺川との合流点近くにあり、お伊勢参りに出掛ける人が出発の前に精進潔斎した場所)にかけて「狐の嫁入り」がよく見られた場所です。ある時このことを聞いた北浅羽の男が来て、「俺が本当に狐の嫁入りかどうか見てやる」と言い、夜一人で「狐の嫁入り」を待っていたのだそうです。真夜中近くになりますと、狐が提灯を下げてやってきました。そこで男は先頭の狐を掴まえ、家に持って帰り、籠に入れて置いたそうです。翌朝男が起きてみると、籠の中はからっぽで狐は逃げてしまっていました。それから一か月程たちました。再び男が正代にやってきました。夕方になり家路につきました。男は道が分からなくなり、どこをどう歩いたか、翌朝岩殿の正法寺の大きな木の上に登って、大きな声で助けを求めているのを方々を探していた村人に発見されたそうです。

「狐の嫁入り」の話は方々の農村に伝わっていますが、昔の農村では夜になると真暗闇になり、湿田の中に堆積した有機物が燃えるのを見て、それを狐の嫁入りと見立てたのでしょう。道に迷うのはその時の錯覚で、いくらいつも歩いている道でも時には迷うものです。これを狐に化かされたと考えたのでしょう。

明治四十二年、市杵島神社、八坂神社、稲荷社が御霊神社に合祀されました。現在でも稲荷社の旧境内地については、誰も手を付ける人はいないそうです。

⑦折本山は、「おり（台地と水田の境目）・もと（下の意味で台地のきわ）で、台地の端にある山林という意味です。この山の昔話を聞かせて下さい。

折本山は官有地を払い下げて、共有林にしたものです。折本山には青蓮寺持ちの大日堂（だいにちどう）というお堂がありました。小代館の北の備えとして造られたものと思われます。今は大日堂は青蓮寺境内にありますが、昔は百年も経ったと思われる様な大きな松が百数十本もある山の中にポツンと立っていました。そこは夜ともなれば真暗闇の世界、その大日堂にまつわる怪談が残されています。

ある年のこと、折本山の大日堂に綿くり娘のお化けが出るといううわさがたって、日没後は折本山に近づく者がいなくなりました。その頃、宮鼻に岩次郎という弓の名人の青年がいました。岩次郎は飛ぶ鳥も三羽に一羽は射落すという腕前の持主でした。その岩次郎が「よし俺が退治してやろう」ということで夜になるのを待って、大日堂に行きました。

大日堂の庭は周囲が真っ暗闇なのに、そこだけは行灯（あんどん）がついていて、その横で十八、九の娘が手拭を姉（あね）さんかぶりにして牡丹（ぼたん）の花模様の着物に赤い紺のたすきをかけ、綿繰り機をあやつって糸をつむいでいるではありませんか。岩次郎は娘の近くまで忍び足で行き、矢を弓につがえ、娘の胸をめがけて放ちました。矢は娘の胸を射抜きましたが、途端に娘も綿繰り機も行灯も消えてなくなり、あとは真の闇だけが残りました。岩次郎は翌日の晩もやって来ました。そして、前の晩同様に娘の胸めがけて矢を放ち、胸板を射抜きました。前夜同様すべてのものが消えてなくなりました。三日目の晩になりました。岩次郎は弓に矢をつがえ目をつむり、宮鼻の八幡神社に村人の難儀を救うために力を貸して欲しいと心を込めてお祈りを捧げますと、『行灯を射よ』という囁（ささや）く声、これぞ八幡様のお告げと岩次郎は目を開け、今度は行灯めがけて矢を放ちました。矢はぶすりと突き刺さりました。とたんにぎゃーという獣の叫び声が聞こえ、娘も綿繰り機も行灯もすべて消え、何やら大日堂の裏藪に逃げ込む音が聞こえました。

翌朝、村人は高坂の高済寺の裏山に大きな古狐が胸板を射抜かれ、矢をつけたまま死んでいるのを見つけました。狐の死骸は大日堂の裏山に埋め、塚を築き、そこに松の木を植えてやったそうです。

八．早俣

①早俣とは、「流れの速い川の合流点近くにある土地」という意味です。

早俣は早又とも書き、越辺川と都幾川の合流点近くにあります。早俣の名はこの合流点から生じたものと思われます（『地名誌』）。「はや（川の流れが早い）・また（二つの川の合流点）」で、流れの早い川の合流点近くにある土地という意味です。

当地には、早川小四郎勝利という鎌倉武士が住んでいたという言い伝えがあります。当時の武士は居住地の地名を名乗るのが普通でしたので、鎌倉期にはこのあたりは早川という地名であったことも考えられます。都幾川もかなり乱流した跡が残っています。旧流路として自然な流れは、野本の台地に沿っての流れかと思われます。下流の川島町の地形をみても、北西から南東に低くなっています。早俣のところで都幾川の流れは東西方向から南北方向に変わり、さらに東西方向に変わって越辺川に合流するというのは人為的な感じ

小剣神社（撮影当時）

がします。現在の流路は、江戸時代以降幕藩（ばくはん）体制が確立してからの土木工事の結果できた流れではないでしょうか。従って、鎌倉時代には都幾川が中央を流れていたことが考えられます。そのように考えると、資料的な裏付けはありませんが、江戸時代以前は早俣の地は「早川」という地名だったのかも知れません。

②小剣神社のあたりに昔の早俣の集落があり、その後現在の場所に移動したものと思われます。

現在早俣集落の中心部は、小字名「石免（こくめん）」と呼ばれるところに位置しています。石免とは年貢が免除された場所という意味で、この辺は水害を受けやすい場所であったようです。

言い伝えによりますと、昔の集落は小剣神社の近くにあったといわれています。現在は堤外地になっていますが、「菩提木（ぼだいぎ）」という地名が小剣神社の近くに残されています。ここに集落の菩提寺があったものと思われます。光明寺の開山は応長元年（一三一一）ですが、

神社前の大正期のいり樋（撮影当時）

小剣神社の近くにあった寺が光明寺であったかどうかは不明です。

小剣神社周辺は自然堤防（川がその周辺に自然につくった微高地）が続いていて、そこに集落ができていたのでしょう。越辺川が乱流していた時代は、このような場所でも集落が水によって流されるということは比較的少なかったものと思われます。

江戸期になって都幾川が通され、小剣神社の近くで越辺川と合流するようになってから堤防は築かれましたが、早俣集落は水害に悩まされるようになりました。そこで、一部の人は正代台地に上り、他の人は川の合流点から離れた「石免」に移動していったものと思われます。「石免」に移動した人々は何かメリットがあったはずです。それが養蚕と早俣河岸だったのではないでしょうか。堤防が築造されるようになりますと、堤外地は流土の堆積により高くなり、畑作が可能になってきます。江戸後期になると、ここに桑が植えられ、養蚕業が盛んになってきました。一方、年貢米輸送のため早くから河岸が開かれ、江戸後期になりますと、一般の商品も扱うようになってきました。江戸へは、米・炭・薪・木材・建具などを運び、江戸からは塩・干鰯・ワタ樽（魚のはらわた等を樽に入れて運んだ）等が運ばれてきました。

参考資料・『角川日本地名大辞典・埼玉県』

③小剣神社の主祭神は剣根命（つるぎねのみこと）と日本武尊（やまとたけるのみこと）です。

小剣神社が創建された理由は高坂の八剣神社と同様に現実的な意義があり、祭神はあとから付け加えられたものでしょう。そうすると、「こつるぎ」の言葉の意味を考えていく必要があります。八剣神杜と同様小剣神社の「つるぎ（剣）」も水災よけの神様であると同時に、「つなぎ（中継をすること）」の意味もあります。「こ」は蚕（こ）であり、「こつるぎ」神杜は養蚕業の発展を祈願すると同時に、早俣の河岸場の繁栄を祈願するという意味があったものと思われます。

境内にある嘉永五年（一八五二）の石碑に、舟運による商売が人柄のよさから順調に行われ、子孫繁栄の基礎を築いてくれたということが書かれています。また、幟織姫太神（のぼりおりひめのおおかみ）の石祠（せきし）が祭られていますが、元は神杜北方のお経塚（きょうづか）と呼ばれた場所にあったもので、石祠には「安政戊午五年（一八五八）六月吉日施主長島竹蔵・同まさ　世話人高橋金五郎」と書かれています。この石祠からは幕末には織物業が盛んに行われた様子が伺い知ることができます。

④共有地のところにあった地蔵堂は、早川小四郎勝利という武士が鎌倉から持ち帰った地蔵尊像をまつってあったものです。

鎌倉時代早川小四郎勝利という武士がこの地に住んでいました。早川小四郎勝利と小代氏との関係は分かりませんが、小代氏の武将だったかも知れません。文永十一年、弘安四年の二回にわたる蒙古軍襲来に当たり、勝利は一族郎党を引き連れて九州博多の地で活躍し、数々の軍功をたてました。しかし、何回かの戦いで一族郎党は悉く討ち死にし、勝利一人が残されました。三〇年あまり九州に住んでいましたが、老齢になったので故郷に帰って来ました。勝利は帰る途中、鎌倉に立寄り、そこで仏師から守り本尊の地蔵尊像を譲り受け、それを持って帰って来ました。時に応長元年（一三一一）正月二十四日のことでした。光明寺に尊像を安置し、自らも仏門に帰依し名も観仏と改め、一族郎党の冥福を祈る毎日を過ごしましたが、その年の五月二十日に永眠しました。

この地蔵尊像は寛保二年（一七四二）八月一日夜の大洪水の時、流れに逆い、光輝きながら上にのぼり村人を助けたといいます。以後、共同墓地のところにお堂を建立し、人々に信仰されてきました。

昭和五十年都幾川の河川改修に伴い、そこが河川敷になってしまったので、再び光明寺に地蔵尊像を安置しました。

参考資料・田村宗順『東松山市伝説と夜話（下）』

上）移動前の場所にある地蔵堂跡地
下）光明寺にある地蔵堂

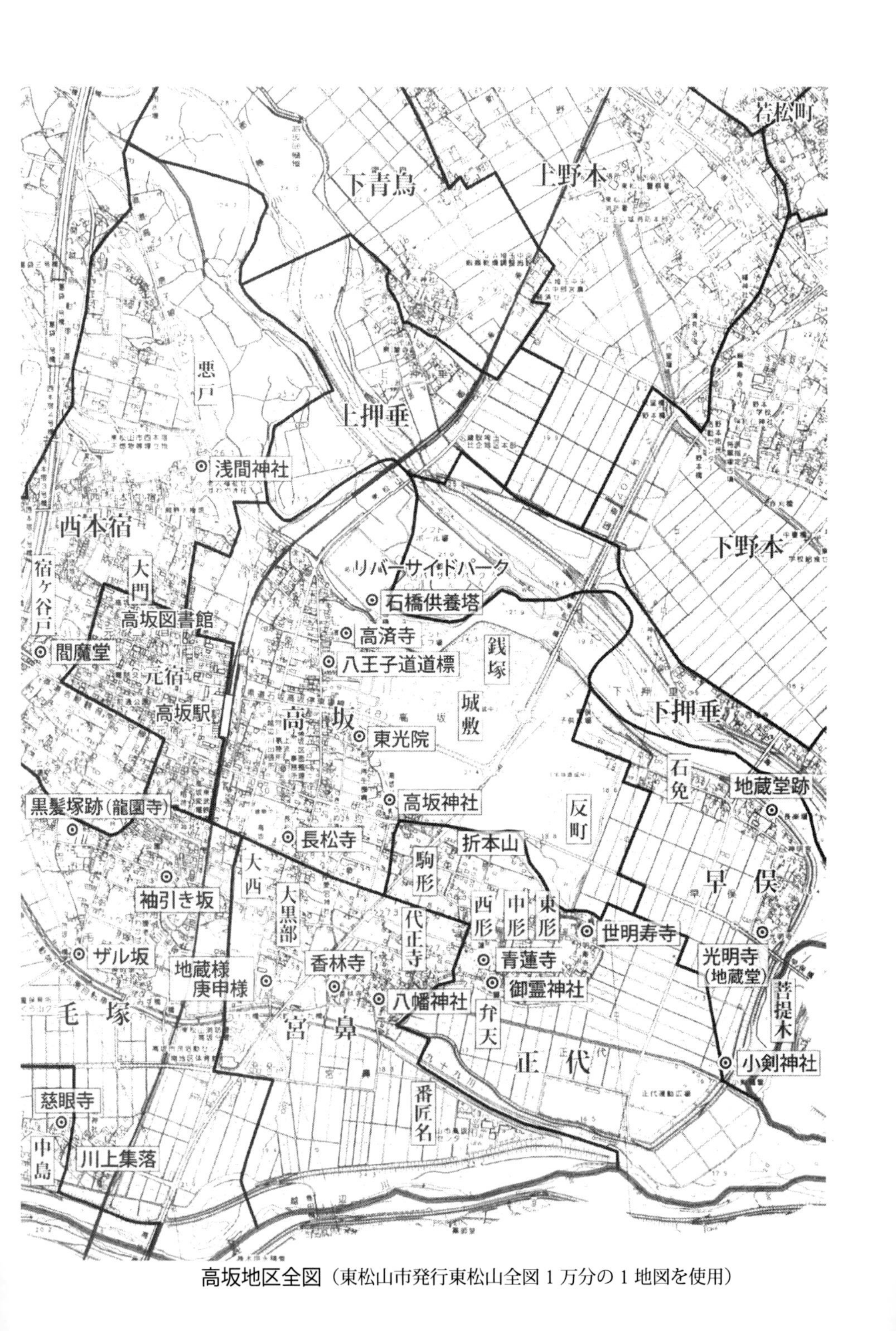

高坂地区全図（東松山市発行東松山全図１万分の１地図を使用）

雪見峠
雪解沢
葛袋
岩殿
門前町
鳴かずの池
岩殿観音
足利基氏累址
判官塚
物見山
常安寺
米山
児淵神社
児沢
松風台
自由台
桜山台
旗立台
小田原神社
子の神の松
鳩　山　町
立野
田木
住吉
1km

唐子の地名

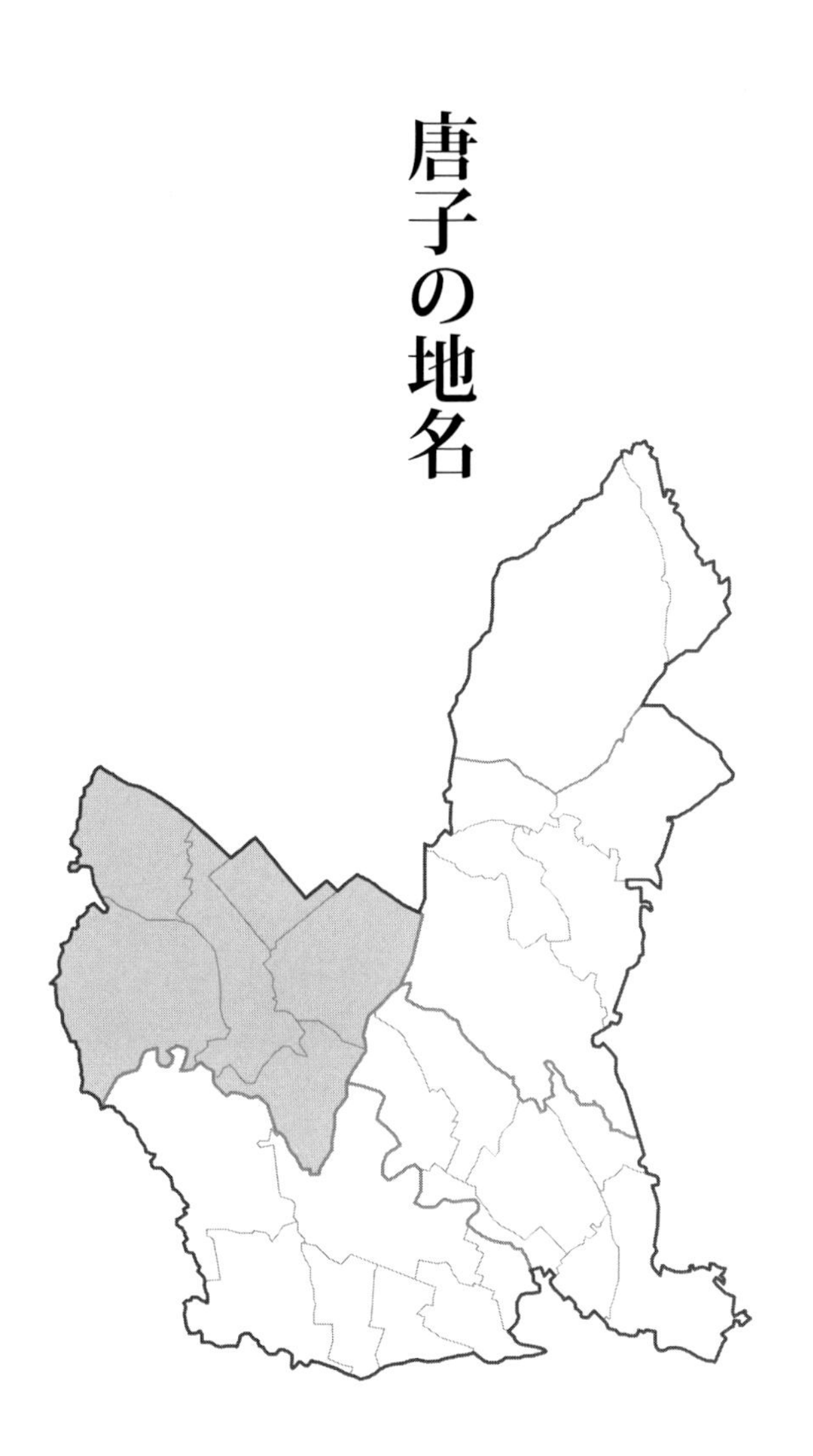

概観

唐子(からこ)郷は南北朝時代からある郷名です。江戸時代は松山領に属し、天正十九年(一五九一)から文化八年(一八一一)まで旗本菅沼氏の知行地でしたが、文化八年幕府領、数か月後に川越藩主松平大和守の領地になり、慶応三年(一八六七)松平大和守が前橋藩主に移動した故に、前橋藩領になりました。

明治二十二年(一八八九)上唐子・下唐子・神戸・葛袋・石橋の五村及び岩殿村の一部(字稲荷谷)が合併して唐子村が成立しました。昭和二十六年(一九五一)月輪の一部を編入、同二十七年石橋、下唐子の一部から大字新郷を設置し、同二十九年一町四か村で東松山市が成立しました。

唐子の地名について『地名誌』には、『風土記稿』の中にある『和名抄』所載の鹹瀬(からせ)が転訛(てんか)したものであろうとの説は否定して、唐子神社に合祀されている白髭神社のあるところから、高麗人が開発した土地であるとしています。

また、この地は台地の端にあり、都幾川が南端を流れています。「から(涸・乾)、こ(処)」で乾燥した場所をしめすといった自然地名の解釈もできます。

一．上唐子

唐子が上下に分かれたのは、正保（一六四四〜一六四七）の頃のことで、元禄（一六八八〜一七〇三）の図では上唐子・下唐子に分かれています。（『風土記稿』）

①小字寺沢にある浄空院の菅沼氏一族の墓について説明して下さい。

小字寺沢は浄空院のある沢という意味です。菅沼氏は三河の豪族であり、始祖は菅沼資長で後に島田・田峰・野田・長篠の四家に分かれました。当地の菅沼氏は田峰系統で、資長の子定吉が家康とともに関東にやってきました。定吉は唐子が菅沼氏の支配地のほぼ中央に位置し、江戸との交通も便利であるから唐子を領地の中核としました。定吉は後に大後番頭として幕政に大きな貢献をしました。

浄空院は、応和二年（九六二）天台宗の慈恵大師が東国下向の折、聖武天皇の肖像と村上天皇自作の観音像を授与されたとされる法養寺を文禄二年（一五九三）定吉を開基として天台宗を曹洞宗に改め、太高山本通寺浄空院と号し、開山しました。本堂・庫裏・禅堂・裏門は市の指定文化財に指定されています。

浄空院は、田峰の菅原氏一族の二四基の墓があり、浄空院には多くの寄進をしていました。

浄空院

菅沼一族の墓

②比企野或いは引き野は、比企氏と関係のある地名ですか。

平安末期、藤原氏の一族波多野三郎遠光が郡司として比企郡に土着して、比企氏を名乗りました。遠光の孫遠宗が源頼朝の乳人、遠宗の妻比企の局が乳母になりました。頼朝が鎌倉幕府を樹立したとき、遠宗の養子となった能員が活躍し、その娘若狭の局が二代将軍頼家の妻となって能員が絶大な権力を持つようになりました。

鎌倉の屋敷が比企が谷に造られました。比企野には比企氏の館跡があったとの言い伝えがありますが、その根拠はありません。ときがわ町番場にも比企田という地名がありますが、用水を引いて農業を営んでいる水田と解釈しています。ここの比企野の場合も同様に解釈する方が自然です。

③小字沼端は七つ沼の端にある場所です。七つ沼が出来た理由を教えて下さい。

ここは昔の都幾川の流路跡で、この沼は河跡湖と言います。河跡湖は三日月湖とも言われています。近く

七つ沼

に氷川神社がありますが、『風土記稿』には「近き頃まで社内に慶長十年（一六〇五）再建の棟札ありしが今失へり」とあります。氷川神社は水害の恐れがある箇所に祀られている場合が多いようです。小字大欠は川によって大きく削られた場所を表す地名です。

④あさぎ団地のあさぎというのは何を意味するのですか。

あさぎ団地は、近くにある「あさぎ沼」に因んで付けられた団地名です。「あさぎ」とは、広葉樹を意味する語です。秋になると、木々の紅葉を水に映り、浅黄色に見える処から「あさぎ沼」と呼ばれる様になったものと思われます。

⑤白山神社の子どものいたずらについての言い伝えがあるそうですが、それについて話して下さい。

当社の起源は、寛文年間（一六六一～七三）に当時の住民が尽力して加賀国（石川県）の白山比羊神社（しらやまひめ）を勧請して、社を建立したといいます。祭神は、伊弉諾尊（いざなぎのみこと）、伊弉那美尊（いざなみのみこと）、菊理姫尊（きくりひめのみこと）の三柱ですが、菊理姫尊は子どもを好む神様で、子どものいたずらには寛容ですが、大人が神意に反する行為をしたときには大変怒るといいます。

言い伝えによりますと、社殿はかつては子どもの遊び場になっていました。ある時、子どものいたずらを見かねた大人が社殿の戸を閉め切ったところ、村内に伝染病が流行しました。白山様の怒りであると知った村人は、社殿の戸を開き、以前のように開放しました。しばらくすると、伝染病は治まったということです。

明治までは天台宗の常福寺の持で、この寺は明治初年に廃寺になりました。明治六年（一八七三）村社になりました。現在の社殿は昭和五年（一九七八）に再建されました。戦前には養蚕とか雨乞いの祈願が行われました。

⑥氷川神社の由来について教えて下さい。

氷川神社は大字上唐子の鎮守です。『風土記稿』には「氷川社村の鎮守なり。近頃まで社内に慶長十年（一六〇五）年再建の棟札ありが今失へり。当福寺の持」と記載されています。当福寺は天台宗で、下青鳥浄光寺末です。無量山仏音院と号していましたが、明治初年廃寺になっています。

白山神社

写真右）氷川神社
写真上）同神社獅子舞

昭和六十一年（一九八六）六月六日不審火により本殿が全焼しましたが、氏子の熱意により見事に昭和六十三年六月に再建されました。

獅子舞は、氷川神社の夏祭り七月二十四日に奉納されます。明治十三年に造られた獅子の太鼓には、「正徳三巳年（一七一三）四月初三日祭礼始」とあります。雄獅子、雌獅子、法眼の三頭の獅子頭はその銘文から享和元年（一八〇二）名主から奉納されたということも分かりました。

当日の流れは、「街道下り」で神社に来て、境内の土俵で「前庭」と「後庭」を奉納します。

⑦小字在家の在家とは仏教に関係する語ですか。

在家とは、中世庄園領などの貢税の対象となった住居や宅地の所有農民を言います。ここは中世から開発された土地です。従って、在家は仏教に関係した語ではなく、中世の土地制度に関係する言葉です。現在は集落がなくなっていますが、水害を避けて台地に移転しました。

⑧月田橋のたもとにある水神塔はどんな目的で造られたのでしょうか。

水神塔は、筏乗り、渡船業者、漁師等が河川の航行の安全を祈願して建てたものです。台座のところには、文政年間（一八一八～一八二九）に建立されたと刻まれています。水神塔に刻まれている筏師連中、一七か村四八名の名前が刻まれています。

都幾（とき）川・槻（つき）川筋の山中から切り出された木材は、両川が合流する菅谷館跡下まで流され、その下流の月田橋付近で筏に組まれました。この付近は川原も広く、筏も組みやすい処であったといわれています。この辺で組まれた筏は、千住まで流され、深川の木場へ運ばれました。

二・下唐子

江戸時代は、上唐子と同様な経過を辿りました。この地区の自然と人々の生活については、打木村治の『天の園』の中に詳しく述べられています。打木村治は本名は保と言います。『天の園』の主人公には、打木村治の本名保という名を使っています。打木村治は

打木村治氏（1904-1990）

明治三十七年（一九〇四）大阪に生まれました。父が脳溢血で倒れたため、村治が三歳の時母の実家馬場家がある下唐子に移り、そこで少年時代を過ごしました。

川越中学校、早稲田大学政治経済学部卒業後、大蔵省に入りますが、六年でやめて文筆生活に入りました。『天の園』

六巻、『大地の園』四巻等の作品があります。『天の園』は芸術選奨、文部大臣賞、サンケイ児童出版文化賞、『大地の園』は日本児童文芸家協会賞をそれぞれ受賞しました。

『天の園』は、昔の素朴なよき時代の下唐子を生き生きと表現しています。打木村治の作品は、武蔵野のくろぐろとした土を想像させるような作品が多いのが特徴です。

打木村治が少年時代を過ごした家は既になく、その地には他人の住宅が建てられています。村治の馬場家は明治になり中村に改姓をしました。そのため、旧来の馬場家、中村家が混在しています。

①唐子公民館の周辺の小字は蕃神と言います。蕃神(ばんじん)とはどういう神様ですか。

『日本史広辞典』に、「蕃神　外国の神の意。『日本書紀』欽明紀の仏教伝来記事では、在来の国神に対し、百済聖明王の献じた仏像を蕃神といっている。一般的には仏だけでなく、在来神以外の主に朝鮮半島からの渡来人による信仰の対象をさし、蕃神という」と書いてあります。

下唐子の白髭大明神は、応永十二年（一四四〇）秩父の椋(むく)神社の分霊を地内の坂東に祀ったことから始まります。慶長九年（一六〇四）地頭菅沼定吉が社殿を建立しました。坂東の社地は都幾川の氾濫に度々襲われたため、台地上に移転しました。『風土記稿』には、「白

唐子神社

髭社村の鎮守とせり、教覚（学）院持」とあります。松本町観音寺配下の本山派修験の寺でした。教学院は唐子神社西側に位置していました。

明治四年（一八七一）村社となった当社は、明治五年高本の伊奈利神社を合祀し、同四十四年（一九一一）には法養寺の諏訪神社、滝下の粟島神社、内手の稲荷社、久保の八幡神社の四社を合祀、村名をとって唐子神社と改めました。白髭大明神が坂東から台地上に移った時に、一時仮安置されて、それから現在地に移転したのではないでしょうか。

白髭大明神は、自然信仰で長寿の神でありましたが、七世紀に高句麗から渡来者が増え、国内に散在している帰化人を集めて武蔵国高麗郡を置きました。高句麗王若光が首長となりましたが、若光の没後高麗明神となり、若光王が白髭を蓄えていたので高麗明神と白髭大明神が合一してしまいました。ここに言う蕃神とは、帰化人の神社の白髭大明神のことと思われます。

合祀されている諏訪神社の例祭七月二十六、二十七日には、獅子舞を奉納されます。公会堂から「街道通り」の道中笛にのり諏訪神社前に達し、石段を登って社前に姿を現した三頭の獅子は、「前庭」と「後庭」を奉納します。

②同姓塚はどんな意味がありますか。

昔、この地域に悪い疫病が流行して住民が皆死んでしまい、同姓の者を同じ塚に入れて一族の霊を弔ったといわれます。そのため同姓塚という小字地名が生まれたと言います。この地は塚が多いところです。

医学が未発達の時代には、疫病の流行というものが地域社会に与える影響は大きいものがありました。

白鬚大明神獅子舞（東松山市教育委員会提供）

③唐子体育館のグランド辺りの小字は大塚となっていますが、大きな塚があったのですか。

旧唐子小学校の敷地跡が体育館、グランドになっていますが、明治時代ここに小学校を造成する前は大きな塚があったといわれています。この古墳を取り壊して小学校敷地を造成したわけです。大塚という地名は大きな古墳という意味です。この地から南の台地周辺には家が多数あり、塚原と呼んでおりました。

④唐子小学校の誕生当時のことについて話して下さい。

当初は都幾小学校と称して、明治六年（一八七三）七月六日下唐子安楽寺に開校しました。安楽寺は間もなく廃寺になり、坂口の小河丈吉宅に移転しました。明治十二年（一八七九）久保の黒田七郎宅に再び移転しました。明治十五年学制の改革に則（のっと）り、新田に校舎を新築して都幾川小学校と改称し、同時期に神戸と葛袋に分校を置いて、それぞれ西都幾川分校、東都幾川分校と称しました。明治二十一年（一八八八）東都幾川を廃止して、西都幾川分校に併合しました。ここに神戸分校（神戸小学校）が誕生し、明治二十九年（一八九六）都幾川小学校から神戸小学校が分離しました。学区条例により、都幾川小学校を第一学区、神戸小学校を第二学区ということにしました。明治三十六年（一九〇三）校名を唐子尋常小学校と改称されました。明治四十四年校舎を大塚に新築しました。

⑤稲荷橋、学校橋はそれぞれどうして名前が付けたのですか。

水道庁舎南にある冠水橋の稲荷橋は、この橋の近くに昔稲荷神社が祀られていたのでこの名称が付けられました。この稲荷神社も度々の洪水に見舞われ、現在は高本地区に安置されています。唐子神社に合祀された稲荷神社に対して、戸井田稲荷社と呼んでいます。

学校橋は、現在は神戸大橋と呼ぶ永久橋になっています。この神戸大橋は昭和四十六年（一九七一）に完成しました。神戸地区の学童が通学する際使われる橋ですので、通称学校橋と呼んでいます。以前の橋は昭和の初め頃、神戸の関口兼吉さんが私財を投じて造ったものですが、その後造られた橋は欄干（らんかん）がなく、太い橋桁の上に厚い板を並べてその端に鉄の輪がつけてあり、ワイヤーロープが通してあったと言います。

戸井田稲荷社

稲荷橋（おとうか）

学校橋

⑥神戸大橋のやや上流の川の北側に、通称「こじき谷」と呼ばれる谷があります。この谷についてのいわれを聞かせて下さい。

天正十年（一五八二）武田勝頼が自殺して武田軍団が崩壊した段階で、武田の落武者達は四散しました。家臣馬場宗信（むねのぶ）が武蔵国に逃れ、下唐子に住んでいました。ところが当時上唐子に住んでいた豪族内藤六左衛門に殺され、馬場一族は再び信州に逃れました。その後、馬場氏の遺族は下唐子に舞い戻り、内藤六左衛門父子を敵（かたき）として狙っていました。たまたま六左衛門父子が下唐子を通るというので、こじき姿で谷に隠れ、見事に親の仇討ちを果たしました。その後、この谷のことを「こじき谷」と呼ぶようになりました。

⑦反町という小字の水田がありますが、反町というのはどのような水田ですか。

反町（そりまち）は全国に数多くある地名ですが、焼き畑を意味します。現在でこそ珍しいですが、少し前までは立ち木を切り、その木を焼いて灰を肥料にし、作物の種子を蒔く粗放的な農業が山村にみられました。わが国で焼き畑農業が見られなくなったのは戦後のことで、明治以降も重要な農業形態の一つでした。

⑧高本集落は下唐子にもかかわらず、どうして都幾川を挟んで南に位置しているのですか。

都幾川はかつては岩殿丘陵の麓まで流れていて、戸井田一族の人達が中心となって住むようになって集落が出来ました。「高本」は山の麓に出来た集落という意味です。

高本は中世から出来ていた集落で、戸井田家には永禄元年（一五五八）の「武蔵国比企郡高本邑田方水帳」及び「同畑方水帳」があります。この古文書には、高本集落の田と畑の等級及びその持主を書いてあります。その古文書の中の小字を取り出してみます。田の部では、橋戸、せり田、森下、大反町、小反町、榎町寺田、塩カラ、八総、井尻、いりう、池田、大曲、こし巻、川窪、宮前、鶴巻、中江、高本稲荷明神。畑の部では、天ケ久保、中江、宮前、坂東、榎町、田島、森下、橋戸、稲荷前等があります。

小字から見ると、水田中心の集落で、都幾川が現在の位置に瀬替えされるのは江戸初期のことです。

⑨唐子橋はなぜ唐子の名が付いているのでしょうか。

戦前からあった橋で、木で杭を打って基礎固めをし、その上に木で枠をつくり泥と砂利で固めてつくった丈夫な橋で、都幾川の両岸を結んでいました。この近くの橋の多くは、川幅だけの橋で、洪水のときには流されてしまいました。唐子橋は洪水時に松山方面から高坂方面に抜けることのできる唯一の橋でした。そんな橋ですから、唐子の名を付けて呼んでいたのでしょう。

現在の唐子橋は、昭和四十三年（一九六八）五月工費二一九万円で完工した延長二〇〇メートル、幅員四・五メートルの橋です。

三．神戸（ごうど）

『地名誌』には、「柳田国男氏は神戸を渡渉場と解している。されば、都幾川の渡渉場がその名のおこりであろう」と書いてあります。妥当な解釈かと思います。

この地は、丘陵・台地・沖積地からなり、都幾川が集落の北側を迂回しています。この地の開発は、最初は山間部に住んでいた人達が山から下りて平野部に住み着いたと言われています。旧家は小字横向・羽黒・茅場に、宅地名義の土地が残されています。横向という地名は、家が山麓に東西方向に並んでいる状態を表わしています。

①青鳥山妙昌寺は日蓮宗の寺ですが、青鳥城と関係があるのですか。

妙昌寺は、縁起によりますと、日蓮上人が文永八年（一二七一）に佐渡へ配流（はいる）になった時青鳥城に一泊しましたので、弘安四年（一二八一）に城主が日仙上人開山としている妙昌寺を開いたとのことです。当時寺は現在の唐子小学校のプールの位置にあったとされ、天文年間（一五三二～一五五四）神戸の小字永伝に移転しました。現在地よりも北東の地です。元和四年（一六一八）さらに現在地小字山王に落ち着きました。明治二十六年（一八九三）火災によって全山焼失以来、時勢の変化により、往時ほどには復活していないということです。

②妙昌寺にある文化財について説明して下さい。

県指定文化財の日蓮供養板石塔婆は、高さ一五九センチ、幅四〇センチ、厚さ七センチの碑です。碑面には日蓮宗独特の筆法、彫刻が施され、貞和二年（一三四六）日蓮上人の六十五回忌に当たって三代住職日願が二十六人の結衆と共に建立したことが書かれています。当時の東松山地方の日蓮宗の動向を物語る貴重な碑です。

市指定文化財日蓮上人祖師像は、日蓮上人七回忌の正応元年（一二八八）に、池上本門寺の上人像を造った日法上人によって造られた、一本で三体の上人像を造ったとされる中の一体です。像は実物の法衣をまとい、左手に数珠をかけ、両手で経巻を奉読する形で畳座に座しています。室町時代の作で、日蓮上人像としては優れている作品です。

もう一つの市指定文化財に瓦塔があります。この瓦塔は、高さ六八センチ、頂上部の九輪を欠いていますが、五重造りで黒茶褐色をしています。安永六年（一七七七）七月十二日と墨書きがされています。

瓦塔（東松山市教育委員会提供）

日蓮供養塔

祖師像（東松山市教育委員会提供）

金五郎梅

長慶寺

③神戸のもう一つの寺、沢田山長慶寺は真言宗の寺です。本堂の右脇に金五郎梅という梅の老木があります。この梅の木のいわれについて話して下さい。

明治初年、忍藩の士族が長慶寺の住職になって宥範（ゆうはん）と呼ばれていました。元々武士ですから度胸の広い人物でした。本堂には食い詰めた「ごろんた」とか「バクチ打ち」が寝泊りしていました。元来、寺は無宿者を受け入れ、農作業の手伝い等をさせる寺が多かったようです。長慶寺の無宿連中同士で喧嘩が起こり、遂に殺人事件になり、甲州無宿の博徒金五郎という被害者が出ました。加害者が和尚に相談したところ、和尚は本堂の脇に埋葬して、ねんごろに葬ってやりました。その傍らに梅の苗を植えたところ、誰言うとなくその梅の木を金五郎梅というようになったといいます。

この事件の後日談がありまして、加害者は寺から逃げたのですが、松山陣屋の役人に捕まり、寺での殺人のことをすべて話してしまいました。長慶寺に問い合わせところ、宥範和尚は「寺で起こったことを話す必要はない」と役人の問い掛けを軽くあしらったので、当時の役人としては仕方なく逮捕して打ち首にしてしまいました。当時川越藩と忍藩は共に松平姓の藩主で江戸湾防備に藩の全力を注いだ藩同士でした。幕末の殺伐とした時代やむを得ないものがあったのでしょう。当時の犯人逮捕をする役人は同心といい、松山の同心町は曹源寺の南にあり、処刑場は国道四〇七号線の元自動車機器東の五差路付近にありました。

④鞍掛（くらかけ）橋は意味のありそうな名前ですが、いわれを聞かせて下さい。

神戸の西北の端、都幾川の右岸に標高七〇メートルほどの岩山があります。北は川に面して絶壁をなし、南は緩やかな斜面になっています。この山を鞍掛山といいます。この下にある都幾川に架かる橋を鞍掛橋と言います。

元弘三年（一三三三）新田義貞が上野国で兵を挙げ、鎌倉に攻めのぼる途中、都幾川を渡ってこの山に登ったため、頂上でびしょぬれになった武具鞍等を松の木などの枝に掛け、乾かしたという言い伝えがあります。それ以来、この山を鞍掛山と呼ぶようになったそうです。

語源的には、くら（岸壁）・かけ（欠ける）で、川により山が浸食されて岩壁状のなった

鞍掛橋

地形を「くらかけ」と言いますので、上記の伝説は後世に作られたものでしょう。

⑤明戸は神戸で一番おいしい米が収穫できる場所で、「あくと（悪戸）」ともいっております。その理由を説明して下さい。

語源的に考えると、あ（接頭語）くた（腐）で、水生植物のまくも等の腐ったものが堆積している肥沃な土地という意味です。神戸の明戸も都幾川の堆積土がある土地で、砂質性の土です。このような土地がおいしい米を生産しています。

⑥小字「永伝」はどのような意味を持っていますか。

小字「永伝」は永代賜田の略で、古代条里制が施行されたとき、土地は公地を原則としていました。その様な時代に、その家で代々持ち続けられる土地を永業田乃至は永田と言いました。因みに、神戸には、「町田」・「米町」等の地名があり、条里制の遺構が残されています。

⑦神戸神社の由来について説明して下さい。

山王社は、東松山クリーンセンターの西側に旧社地があり、集落が麓に移動すると共に小字「山王」に移動してきました。当社の創建については、一本の木から三体の像を造り、一体は尾張国（愛知県）津島に、一体は上野国（群馬県）世良田に、残りの一体は当地に祀られ、いずれも牛頭（ごず）天王と称していました。山王社は江戸時代には真言宗寺院善能寺持ちでした。善能寺は神戸神社の西方にあって、現在でも墓地が残されています。善能寺は明治初年に廃寺になりましたが、昭和初期まで神社の神職を勤めた神戸栄松は善能寺の僧侶の子孫です。墓地には歴代僧侶の墓がありますが、延宝五年（一六七七）の墓が最も古い墓です。

神戸神社

明治初年には山王社は八雲神社と改称し、明治四十年（一九〇七）中通にあった氷川社、杉台の愛宕社山王の日吉社を合祀して、神戸神社と改めました。現在の本殿は、旧氷川社の社殿を移動したものです。かつての氷川社は立木に覆われた神社でしたが、それらが伐採されて現在は水田になっています。

杉台の愛宕社は今も旧地に祠（ほこら）が残されています。社のそばに氏子から「耳だれ様」と呼ばれた祠がありました。日吉社は、元は山王にありました。この社は、当山派修験の宮本院が祭祀を司っていました。この辺は「びくに坂」と呼ばれ、宮本院、真如院、正覚院の三家の修験が居を構え、修験派活動の拠点でした。

神戸の獅子舞は、神戸神社の夏祭りの日に奉納されます。太鼓に「寛政三年（一七九一）六月吉日熊谷在住太鼓屋三左衛門」と書いてありますから、起源は江戸中期になります。ひでりの時には「戊亥黒雷天」の旗と竹製の神輿（みこし）を担いで鞍掛山の下の都幾川に行き、川の中に神輿を入れ、川原で獅子舞を奉納しました。

四．葛袋（くずぶくろ）

「くずぶくろ」は「くず（崩れるの語幹）・ふくろ（袋）」で、都幾川が蛇行して袋状になっている地形を言います。昔は川北の北側を都幾川が流れていて、大きな蛇行をしていました。あまり大きい蛇行の場合洪水の際に川が短絡されます。それで、葛袋集落が分断され、川北地区と川南地区に分かれています。現在でも旧都幾川の流れと思われるところには小川が流れています。短絡は歴史時代になってからで、多分中世以降のことでしょう。葛袋の地名は、弘治元年（一五五五）の『小田原衆所領役帳』に検地が実施された場所として記載されています。

①小字大平（甲）、小字大平（乙）とは何を表すのですか。

大平とは傾斜のある土地という意味で、（甲）とはかなりの傾斜地で、（乙）とは傾斜の緩い場所を指しています。甲、乙の分類は江戸時代になされたものでしょう。「きじ（雉）・を（尾）」は、雉の尾のような山麓の延長部分という意味です。「そり（反）・まち（町）」は、山麓からの湧水により湿地が多く、焼畑が行われていた場所という意味です。

②葛袋を囲む山の変化について説明して下さい。

葛袋を囲む山は板東山と高本山とがありますが、板東山は昭和二十九年からセメントの原料として粘土質の土が秩父鉱業によって削られ、全然姿形は残されていません。明治十五年の地図をみると、標高九三・六メートルと記載されています。高本山は標高九三・〇メートルで大体板東山と高本山は同じ程度の山です。高本山はゴルフ場として開発されています。打木村治は板東山には大蛇がいたと書いています。昔の下唐子の子供たちには、板東山と高本山の楢（なら）林は恐ろしい動物が住む山だったようです。

③大平（乙）にある「弘法大師（こうぼうだいし）の願い水」の伝承を聞かせて下さい。

昔、薬売りが岩殿山へ行く途中大平にさしかかったとき、ギラギラする太陽の陽射しに喉の渇きを覚えました。そこへ旅の僧が通りかかって、お経を熱心に唱えて、持っていた錫杖（しゃくじょう）を突然草むらに突きさしました。すると、不思議なことに綺麗な清水がこんこんと湧き出ました。薬売りは腹ばいになって夢中で水を飲みました。この湧水のお陰で葛袋の人々は大変助かったということです。この旅の僧は弘法大師に間違いないということで、この清水を「弘法大師の願い水」と呼んで、村人は大事に守ってきました。

④中井には二つの堰があります。上堰、高坂堰と言います。江戸時代末からさらに二つの堰の上流に水車を設置した水車堰がありました。下流の野本、高坂、川島の各地区の耕地を潤す水はこれらの堰により供給されていました。堰をめぐっての紛争をお話し下さい。

野本、高坂、川島の各地区水利組合では、寛政十年（一七九八）の「都幾川筋上堰に関する規約書」という文書をそれぞれ大切に保管しています。水についての永久規約書で、現在でも生きている約束事です。

この規約書ができた経緯は、都幾川筋の用水に依存している武州比企郡鳥羽井村他二十二か村（川島町）が上堰用水を利用する野本、下青鳥村の二か村組合と高坂堰からの高坂用水を利用する正代・本宿・高坂・早俣の四か村と水車を設置した下唐子村金子金次郎を相手どった訴訟の判決書です。上堰、高坂堰、水車堰（通称クルマ堰）ともに毎年堰を修築する際に、下流に水の流れるように配慮するように決められています。

昭和になってからは、昭和三年（一九二八）上堰の上流にあった高坂堰から奈目曽樋管

奈目曽樋管

を通って引いていた灌漑（かんがい）水路を、上堰の上流にあるクルマ堰の所有者馬場源太郎（金子氏から譲渡された）から継承した高坂の水利組合が、クルマ堰水門を利用して奈目曽樋管を通し高坂耕地に引水をしたことに対して、野本の農民が反発して熊谷地方裁判所に用水引用工事撤廃の行政訴訟を起こしました。都幾川の用水問題は周辺農村にとって死活問題でした。

⑤葛袋神社について説明して下さい。

葛袋では、かつて板東山の中腹に五社権現宮、葛袋の南方に白髭神社・愛宕神社・八坂神社をそれぞれ祀っていて、白髭神社が村の鎮守でした。

明治五年（一八七二）白髭神社を板東山の五社権現宮に合祀して相殿となり、「五社大神・白髭大神社」と号して村社となりました。明治四十年（一九〇七）愛宕神社と八坂神社を「五社大神・白髭大神社」に合祀して、明治四十五年神社名も葛袋神社になりました。

葛袋神社

五社権現宮は、熊野十二社権現社の内の熊野五所王子と呼ばれる五人の神様を祀る神社で、熊野修験により祀られた社です。白髭神社については、「下唐子の白髭神社が当社の兄である」という口碑があります

葛袋神社は、大正五年（一九一六）現在の場所に移されましたが、その時氏子の各戸から出された臼を並べて、村中総出で社殿を引き下ろしました。昭和六十一年（一九八六）不審火により社殿が焼失しましたが、平成元年（一九八九）社殿が見事に再建されました。

⑥葛袋では、以前は瓦焼きが行われていました。そのことについて説明して下さい。

蛇行している袋状の内側の部分に、粘土質の土壌が堆積しています。県北の深谷地域と同じような砂質の荒木田（あらきだ）土が採れます。現在では見られませんが、昭和四十年代までは二基の瓦窯が見られ、瓦の製造を行っていました。

五．石橋(いしばし)

『風土記稿』には、石橋村の項には「村内の小名宿青鳥・内青鳥・石橋の三区に分かれ各民家あり。古は宿青鳥・内青鳥もおのづから別村なりしを、いつの頃よりか二所とも石橋村に合せられしと云へり」と記載されています。一方、下青鳥村の項には「隣村石橋村に宿青鳥・内青鳥と云う小名あり。されば古は当村と通して一村なりしを、後分けて宿・内・下の三村となり、その後宿青鳥・内青鳥の二村を石橋村に属せし故当村はもとの如く下青鳥と号するならずや」とあります。

『風土記稿』に書いてあるように、宿青鳥・内青鳥・石橋・下青鳥の旧四村は、鎌倉街道上(かみつみち) 道下野線(しもつけせん)沿いの村々でした。なお、石橋の地名は、青鳥城の堀に架けられた橋から付けられたものでしょう。

①青鳥城の規模及びその歴史について聞かせて下さい。

台地の南縁にあり、本郭を中心に北側に同心円状に二の郭から三の郭と直線連郭式に連らなっています。広さは東西七五〇メートル、南北六〇〇メートルの規模です。

本郭は一辺が約一〇〇メートルの正方形をなしています。東側の土塁の中央部には土橋の跡があり、南東及び北西隅には物見櫓の跡があるし、西側土塁の中央部には折邪（おれじゃ）が見られます。折邪とは故意に土塁を折り曲げて、そこから敵兵に矢を放す防衛的な機能を持っています。土塁の外側には東・北・西の三方に堀が残されています。二の郭は、本郭を取囲むように東、西、北に広がっています。三の郭は、二の郭の外側に造られ、東、西、北の方向に見られます。

明治四十四年（一九一一）に刊行されました『唐子村郷土史』によりますと、武蔵守藤原利仁の孫恒義（つねよし）が青鳥城を築いたといわれています。恒義は天長六年（八二九）に没していますから、平安時代の初期にこれだけの城が出来たことは信じ難いことです。最近の研究によれば、中世の城は十五世紀中頃以降出来たと言います。青鳥城もこの頃出来たものと思われます。

『源平盛衰記』によると、源頼朝は寿永二年（一一八三）三月木曽義仲を討つ為に碓氷まで出陣しましたが、義仲が退いたので鎌倉に返す途中、武蔵国月田川に面した青鳥野に在陣したということが書かれています。月田川は都幾川を指し、青鳥野とはこの地にあった館ではないかと想像できます。

青鳥城内には鎌倉時代から戦国時代にかけての板石塔婆が多数存在しています。小林家の墓地の中央にある緑泥片岩の板碑は市の指定文化財で、高さ二四二センチメートル、幅五六センチメートル、厚さ九センチメートルで、光背を表す月輪の下には「南無阿弥陀仏」と刻まれています。彫りなどには鎌倉後期の特徴をよく示している石碑です。正中三年(一三二六)の年号があり、四月八日の釈迦誕生日に城主の沙弥了願が念仏衆百人とともに来世の安楽を願い建立したものでしょう。

②青鳥城の周辺を通る街道は、鎌倉街道上道下野線といい、笛吹峠を通る上道から中道に抜ける街道です。詳しく説明して下さい。

上道は上州、信州に抜ける道ですが、奥州に抜ける道は中道です。そこで上道から奥州方面に抜ける間道として利用されたのが、鎌倉街道上道下野線です。源義経の家臣鈴木三郎重頼が義経の後を追って通ったという伝説が高坂に残されています。鎌倉街道上道下野線は都幾川を石橋地内で松山城方面に行く道と嵐山方面に行く道の二方向に分岐します。

③青鳥城の東端にある虎御石の石碑はなんのために建てられたのですか。

オタメ池の縁に建てられている虎御石は、応安二年（一三六九）に建立された高さ三七五センチメートルで、幅七二センチメートル、厚さ一四センチメートルで、比企・入間地方で最大の石碑です。

鋭い三角形の山形、深い溝の二条線の額部の下に大日如来を表す種子（諸仏を一字で表現した梵字）が力強く鋭く薬研彫（やけんぼり）され、その下に深く雄渾な蓮座、文字が刻明に彫刻されています。青鳥城主の七か年忌に建立された碑です。

応安元年に平一揆の反乱が起こり、翌年に建立されたということは、平一揆に属していた唐戸（子）十郎左衛門の石碑ではないでしょうか。

応安二年から七年前というと、畠山国清が伊豆で足利基氏に謀叛を起こした時に当たり、この戦いで戦死したのでしょう。

④青鳥城関係の地名としては、小字の城山、大手前、西浦があります。それぞれについて解説して下さい。

城の本体部分は城山となっています。大手前は城の大手門の前を表し、西浦は西裏に当たる場所ということになります。

⑤青鳥城の南に「ほっかいどう」と呼ばれる集落があります。北海道と関係があるのですか。

この場所は袋状になっていて、冬期になると台地の冷気に都幾川の上流の冷気が加わり、非常な低温を示します。この現象を土地の人は「北海道の寒さ」の地、省略して「ほっかいどう」と呼んでいるのではないかと思います。

⑥若宮八幡神社は古墳の上にある神社です。古墳及び神社のことについて説明して下さい。

直径三〇メートル、高さ四メートルの前方後円墳の墳丘の上に八幡神社が建てられています。この前方後円墳は横穴石室を持った後期古墳を代表するものの一つです。

石室は前室、奥室からなり、凝灰岩の大きな切石を組合わせた大規模な横穴石室です。天井部も現存し、巨大な緑泥片岩を使用しています。石室に示された構築模様の見事さ、石組みの精巧さはすばらしいものがあります。石室規模は全長八・一五メートル、奥室長

さ四・四メートル、同最大幅二・九メートル、前室最大幅一・九メートル、羨道部長さ一・五メートルです。

『風土記稿』に、「若宮八幡社村の鎮守にして定宗寺持。相伝ふ、当社は古へ松山の城主上田氏の臣山田伊賀守を祀りし社にして、今も此社の下に伊賀守の形骸を蔵めし石棺ありと云う。又土人の話に明和の頃にや（注・一七六〇年代）村民善右衛門と云う者伊賀守の子孫なればとて試みに此地を穿ちしに果して石棺を得たり。其蓋に伊賀守の名仄かにみえしと云う」と記載されています。

古墳時代の前方後円墳が山田伊賀守の口碑に結び付けられたもので、前方後円墳の成立年代と中世末の山田伊賀守が年代的に結び付かないのは当然のことと思われます。

六．新郷

昭和二十七年（一九五二）、唐子地区の大字石橋と下唐子の一部を独立させ、新しい新郷という大字を作りました。この地域は雑木林が主体とする地域でしたが、昭和十八年（一九四三）頃建設作業が開始されて本格的に利用されないうちに終戦になってしまった旧陸軍の緊急用松山飛行場がありました。飛行場の予定地内に東武東上線が通っていましたが、戦時中のことですから線路を移動して工事が続けられました。建設に際して住民の勤労奉仕は勿論のこと、囚人労働まで利用したと聞いています。工事は万事秘密のうちに実施されていまして、詳細は分かっていません。

戦後、多数の失業者と食料難の時代を反映して、昭和二十年十一月に「緊急開拓事業実施要領」を閣議決定し、旧軍用地を中心にした農地造成が行われました。この頃早くも松山飛行場跡に新天地を求めた開拓者が集まってきました。

①新郷は、飛行場を開拓してできたところであると聞いているのですが、その経緯を話して下さい。

昭和二十年九月に筆者が県立松山中学校生徒時代、全校生徒で飛行場の一部分を開拓して蕎麦（そば）を蒔きました。収穫は誰がしたのか分かりません。十月四日、アメリカ兵が進駐した時には、格納庫や周辺の農家に寝泊まりして土地獲得を目指す先駆的開拓者がいて、中には二反歩余の土地に麦を蒔いた人もあったようでした。やがて「帰農組合」が結成され、これを基礎にして昭和二十年中に開拓団が組織されました。県にも農地部開拓課も出来て開拓行政が行われるようになりました。

昭和二十三年（一九四八）開拓団が解散して、松山開拓農業協同組合が設立されました。この時の組合員は旧軍関係者、キリスト教関係者、疎開・罹災者、満州引揚者等多彩な人達でした。入植時の平均年齢は三十三・五歳で、若い人が多いのが特徴でした。この開拓地は昭和二十七年大字新郷として独立しました。

また、飛行場北方の宮前分に入植した十五戸で結成した宮前開拓農業協同組合と合併して、松山開拓農業協同組合が昭和三十二年（一九五七）成立しました。

年度	入植戸数				離農戸数			現在戸数	開拓面積（ha）		
年度	二〇	二一	二二	二三	二〇	二一	二二		二二	二三	計
戸		36	6	2		4		40	28	5	33

生産物は、入植時にはサツマイモと陸稲を中心に栽培していましたが、その後、西瓜、メロン、落花生、栗等の栽培が行われました。一時期には酪農も広く行われていました。ところが、昭和四十四年（一九六九）になると、工業団地の造成工事が開始され、開拓地の三六%がその対象となりました。

②工業団地造成の経緯についてお話して下さい。

埼玉県企業局により東松山市新郷地区・滑川町都（みやこ）地区の間に位置する広大な山林・原野（主に開拓地の防風林）を中心にした工業団地造成事業計画が示されたのが昭和四十年になってからでした。

その用地面積は七三・六ヘクタールで開拓地全体の約三六%に相当しました。県企業局は関係地主六七名と交渉、買収価格は反当宅地二二〇万円、畑二〇〇万円、山林、原野一八〇万円で契約が成立しました。造成工事は四十四年四月に始められ、五十二年三月に完了しました。

新郷開拓地は、全開拓地に入植者が定住し、離農した者の跡地には補充入植も完全に行われておりました。そのため、農業継続希望の開拓農民も多く、工業団地造成には反対した者もいました。

東松山工業団地の事業の概要をまとめてみますと、次の様になります。

ア．事業期間　昭和四十四年度～昭和五十一年度
イ．施行面積　七三六、〇〇〇㎡
エ．総事業費　五、七八九、六三六千円
オ．分譲面積　五二八、五三〇㎡
カ．分譲期間　昭和五十一年度～昭和五十三年度

県営工業団地としては第七番目、面積においては県内第二位という東松山工業団地は、工業用地としては五二六、七四九平方メートル（九十二社）を分譲しました。業種別では、化学・金属・電気・鉄鋼・食料品の順となり、どちらかというと内陸型工業が多くなって

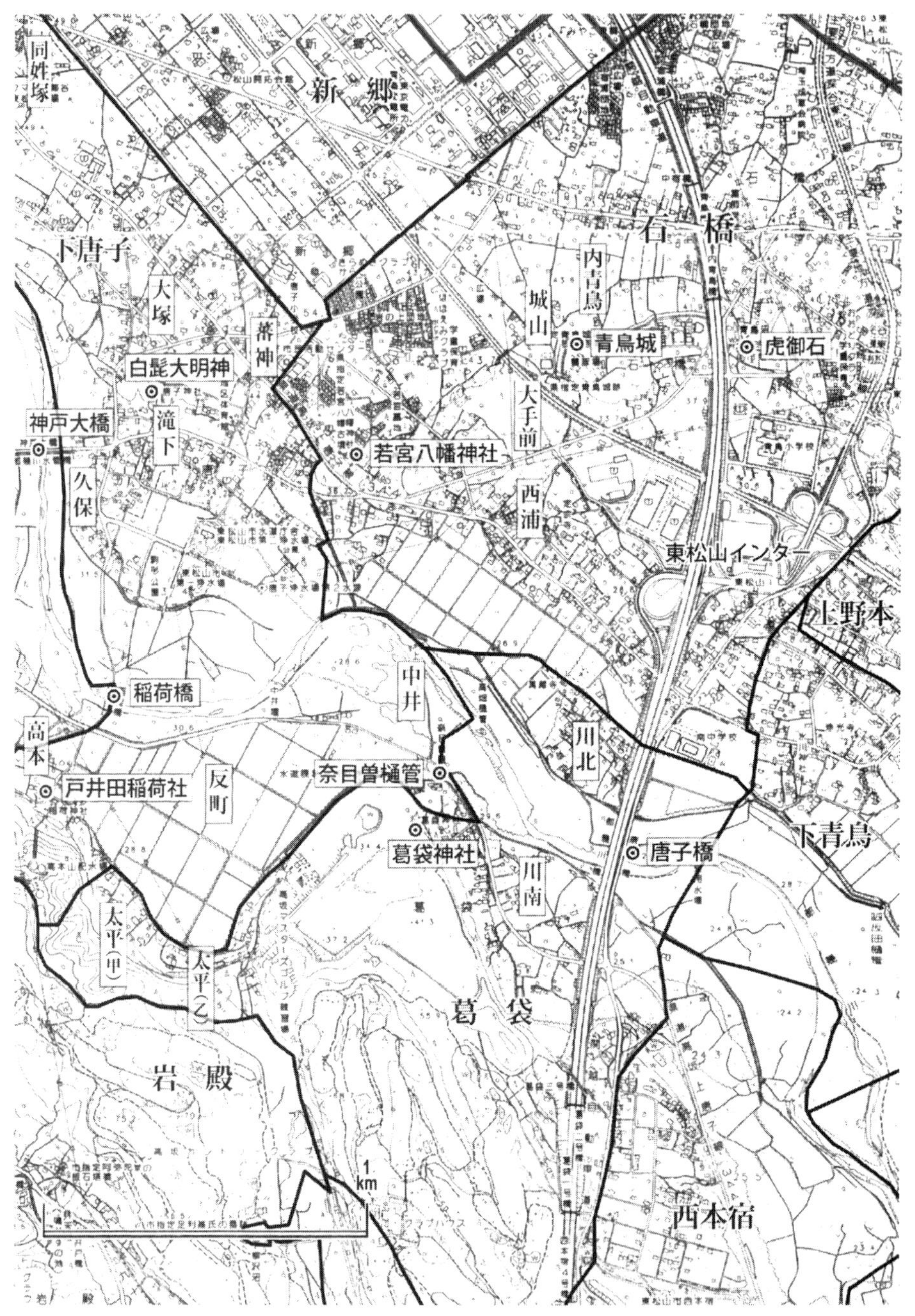

下唐子、葛袋、石橋、新郷各地区（東松山市発行東松山全図１万分の１地図を使用）

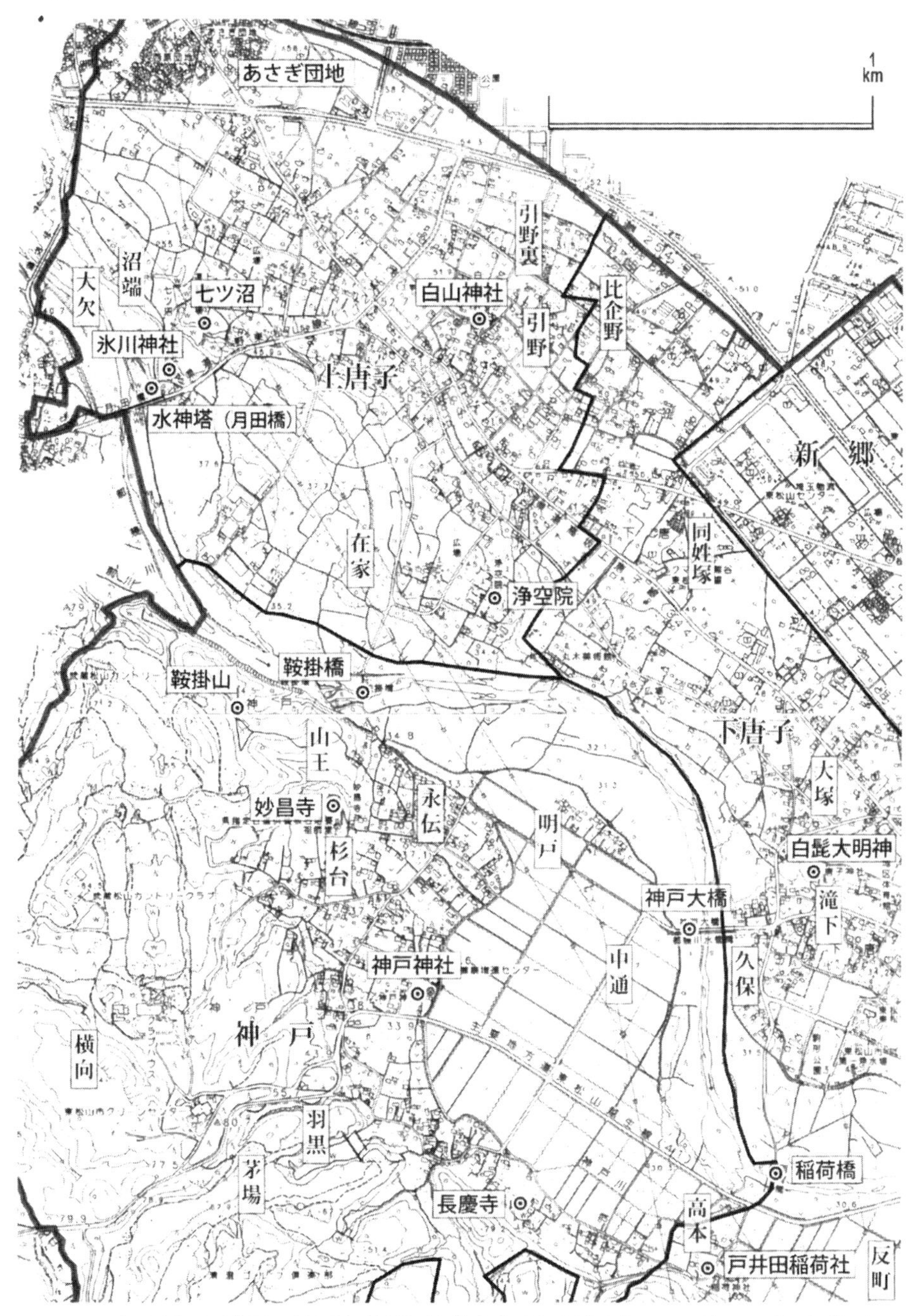

上唐子、下唐子、神戸各地区（東松山市発行東松山全図１万分の１地図を使用）

います。

工業団地内には、約二六、〇〇〇平方メートルの公園・緑地を配置してあり、幹線道路は幅員二〇メートルになっていて、区画道路も幅員十二メートルで計画されています。その後、工場数、業種等の変化がありましたが、現在の工場の状況は図に示す通りです。関係資料として、『黄塵を友にして—松山開拓農協五十年の風雪』の中の文章を参考までに掲載します。

◆入植者の思い出

はじめてこの地を訪れた時には、驚きました。軍用地とは言いながらまだ出来上がらない飛行場で、一見平地のように見えるが山あり谷ありの場所を削り、それを埋め立てた。草も満足に生えぬ様な赤土で、鋤も土の中に通らない様な場所でした。

その様な土地での開拓者の生活は大変でした。女の子は両膝に布を当てたズボンを履き、それも母親が昼間の労働の疲れをおして夜遅くまでかかって仕上げたものでした。丁度その時代は戦後の食料難の時代で、住居も粗末なものであり、慣れない農業も大変であったと言います。現在の新郷地区を見ると、隔世の感があります。

野本の地名

概観

古くは野本郷松山領に属していました。江戸時代初期は旗本渡辺氏の知行、元和八年（一六二二）幕府領、寛永二年（一六二五）旗本渡辺の二氏の相給、元禄十一年（一六九八）旗本黒田・大嶋・三間氏の相給、宝永二年（一七〇五）旗本大嶋・神田・安藤・田中・山本・長見・鈴木・小野・渡辺九氏の相給、寛政七年（一七九五）幕府領、文政七年（一八二四）清水家領、安政二年（一八五五）幕府領で、明治に移行しました。

明治十七年（一八八四）連合村として下野本村連合ができ、そこに古凍村、今泉村、柏崎村、下押垂村、上押垂村、下野本村、上野本村、下青鳥村が属していました。明治二十二年（一八八九）下野本村連合内の旧村が合併して、野本村が成立しました。

当地区の将軍塚古墳は、五世紀末から六世紀前半にできた北武蔵最大級の前方後円墳であることから、当地区は古代から開けた土地であることが分かります。松山台地の海抜高度は三十五メートル前後で、台地の南端で五メートル前後の崖を経て緩やかな傾斜の平地になり二十メートル前後の都幾川の沖積地に続いています。緩やかな傾斜の部分に大部分の集落があり、残りが都幾川の自然堤防上にあります。

一・下野本（しものもと）

①野本の地名の由来をお尋ねします。

野本の名は室町時代から見られる地名です。『小田原役帳』では、弘治元年（一五五五）の検地で鎌倉方と京方に分かれています。八王子街道を境に西側が京方の荘園、東側が鎌倉方の地頭支配地になっていました。野本郷という郷名が中世末から使われていますが、現在の長楽、古凍、今泉をも含む広い地域を指しています。

「のもと」の地名については、『風土記稿』には「古へ武蔵野へかかる地なれば、野本の名も起こりしならん」とあり、「郡村誌」には「夙（つとに）此村は野本の名あることさへもありぬべし。村の西によりては大抵水田は少く畑のみにて、ことに小松などあまた生ひたる原野多し。全く此村は古へ武蔵野へかかるの地なれば野本の名も起こりしならんとの事」とあります。『地名誌』には、「野とは山の麓の緩傾斜の地をいうから、『風土記稿』のごとく比企丘陵のおこる地として野本の名が生じたとみるのが自然の考え方である。特に、この地帯は都幾川の水が豊かに流れ、日もよく照らし快適の居住地として古く着目されたことは、本村の古凍が郡衙（古代の郡役所）の所在地と目されていることによっても証し得られよう」とあります。

結論的に言うと、野本という地名は早くから開け、周辺地域、特に川島等の都幾川下流の低湿地開発の拠点でした。無量寿寺浄光寺の末寺が川島町中山地区に多いことがそのことを証明しています。

②江戸時代、相給という所領形態がありましたが、相給について解説して下さい。

江戸時代は武士の所領は村を基本単位としていましたが、一か村を複数の領主で分割して知行することを相給といっていました。生産力ある水田を持っていた野本の地は、相給は当然のことでしょう。

③将軍塚古墳のことを知りたいのですが、教えて下さい。

行田市の埼玉古墳群の中の二子山古墳に次ぐ県内第二位の規模を持つ前方後円墳です。築造時期は五世紀後半から六世紀前半と推定されています。全長一一五メートル、後円部の高さ一五メートル、前方部の高さ八メートルで、前方部の墳頂と先端部がかなり削られていますから、復元すると北武蔵最大となる可能性もあります。比企地方は前方後円墳が多く、県内の二四基中二〇基が比企地方にあります。

昔から当地方では、この古墳は藤原利仁将軍の墓という伝承があり、後円部の墳丘上には利仁（としひと）神社があります。利仁将軍は一〇世紀初めに武蔵守として来て、ここの場所で陣屋を構えたといわれます。利仁神社の創建は延長元年（九二三）と伝えられています。創建当時、はしか（麻疹）で苦しんでいた天皇が、勅命により当社に奉弊させたところ平癒されたという故事から、当社ははしかの神様として信仰されて来ました。

平安時代末から鎌倉時代にかけて普及した末法（まっぽう）思想に伴う経塚（きょうづか）が利仁神社にも造られ、明治三十四年（一九〇一）神社の拡張工事のとき、経塚が発掘されて銅製経筒二個、陶製経筒四個、経筒の中から古鏡四面、短刀五振、白磁の香合二個が出土しています。銅製経筒には建久七年（一一九六）の銘があり、古鏡にも建久七年の銘がありました。

④野本耕地には古代の条里制度が施行されていたということを聞きますが、詳しく話して下さい。

八世紀大和政権は、大和政権下の農村に中国を模倣した条里制という土地区画を実施し

将軍塚古墳、写真左側（後円部墳丘）に利仁時神社

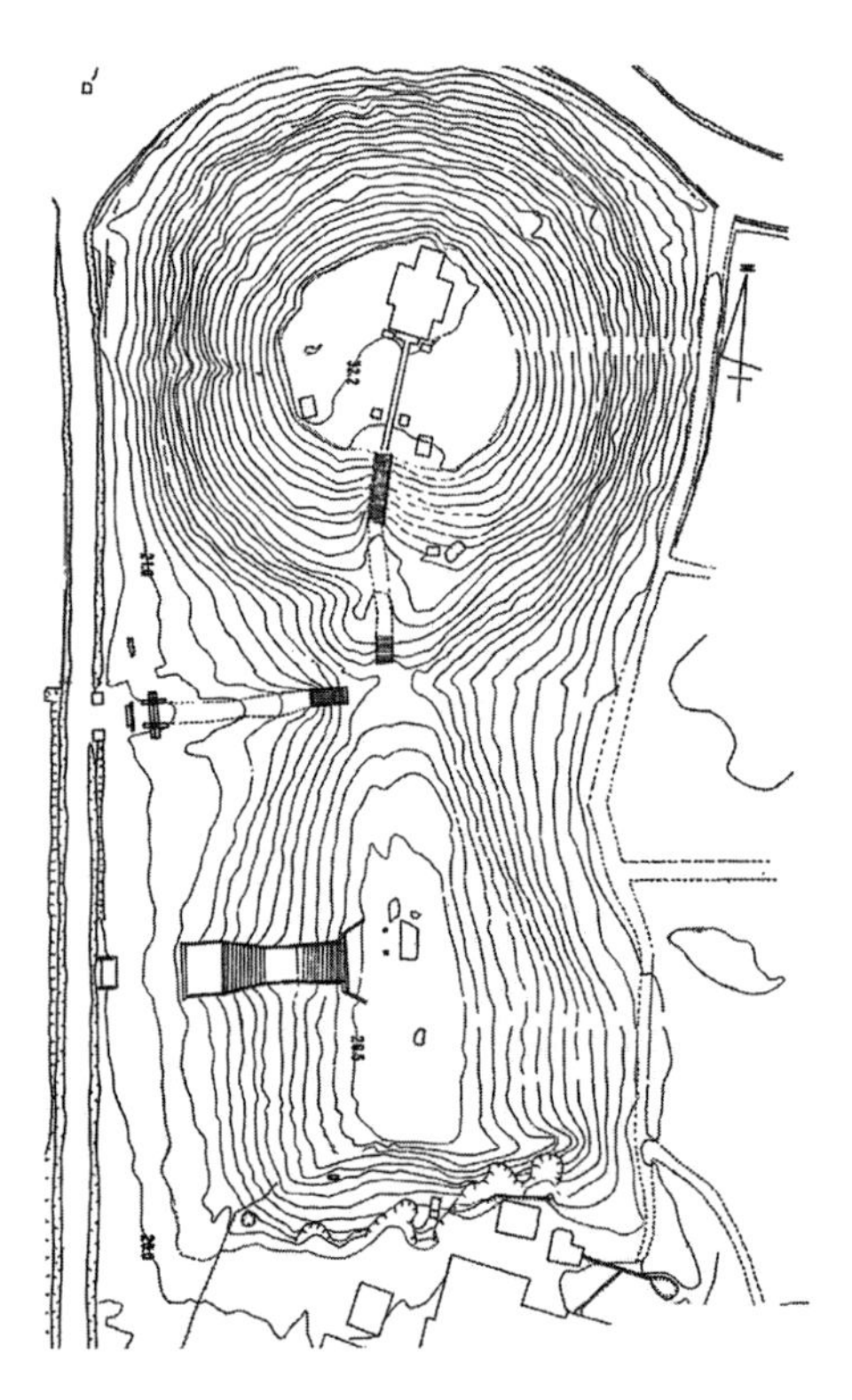

経塚の記念碑

ました。その方法は、水田地帯を三六〇歩（一歩は約一・八メートル）平方に区画して、その一辺を条、他の辺を里として、その位置を何条何里と呼びました。この三六〇歩の土地を里と呼び、それを三六等分してその土地を坪と呼びました。坪を一〇等分した土地が一反としました。古い地図をみると、一〇八メートル四方の比較的規則的な区画が見られます。このような区画は都幾川の南側の高坂や長楽の水田にも見られます。都幾川流域の水田は両岸の水田を一体化して見なければならないと思います。都幾川も最近の研究によれば、流路が変動していることが分かってきました。

⑤野本地区に残っている利仁将軍伝説についてお話下さい。

岩殿観音に残る悪竜退治伝説は、坂上田村麿将軍の業績ということになってはいますが、利仁将軍の業績という説もあります。『鞍馬蓋寺縁起』には、利仁将軍の群盗退治の話があり、六月に大雪が降り積もった中、それを凌いで群盗と戦ったということが書かれています。このことが岩殿観音の悪竜退治の田村麿将軍の伝説に転用されたのかも知れません。利仁将軍も藤原秀郷の流れで、その子孫がこの地に移住したことも十分考えられます。また、『吾妻鏡』の文治五年（一一八九）の項に、「是田村麿利仁等将軍」と表記されていて、田村麿と利仁の両将軍が混同されていたことが分かります。

無量寿寺

土塁跡と思われるもの

⑥野本館の跡に建てられた無量寿寺のことをお話下さい。

草創の時期については、『風土記稿』には、利仁将軍が下野に移り住んだ後「土人名将の古墳なりとて一寺を建立し、利仁山野本寺と号す。然るに応仁の頃関東乱れて軍勢乱暴し、寺塔傾廃せしを、長享年中（一四八七～八八）僧性岱と云へるが再び起立し、禅刹となし、利仁山無量寿寺と号す」と記載されています。

崇芝性岱という僧は、熊谷市野原の文殊寺を草創した人で、文殊寺の第三世、第四世、第五世は無量寿寺の第三世、第四世、第五世になっています。本尊は鎌倉時代製作の阿弥陀如来像です。平安時代に造られた県内最古の誕生釈迦立像があります。

野本館の跡と思われる堀跡と土塁跡が戦前まで残されていましたが、現在は墓地の中に土塁跡と思われるものが残されている程度です。

⑦中世武士野本氏と押垂氏の活躍について解説して下さい。

建仁三年（一二〇三）の比企氏の乱で、比企氏の没落が決定づけられました。比企氏の本拠地は不明ですが、野本郷もその一部であったことは否定できません。

中世野本郷の地頭は藤原利仁の流れをくむ竹田氏で、竹田基親は堀川院の滝口（警護役）で、その子基員は地頭職として野本郷に住み、野本左衛門尉と称していました。野本郷は基員が養子にした河越重頼の娘婿下川辺政義の子時員（能登守）に譲りました。押垂郷は同じく基員の養子比企能員の娘婿笠原親景の子時基に譲り、その子重基は押垂十郎と称していました。

基員の子が建久四年（一一九三）鎌倉で元服し、頼朝から重宝などを賜りました。『吾妻鏡』健保元年（一二一三）五月六日条に、和田合戦で討ち死にした北条方の武士に「おしだり三郎」が記載されています。

時員は在京御家人として活動が知れた程度でした。時員の子時秀は「野本太郎」と称していました。時員のとき能登守になり、四代後の朝行は建武元年（一三三四）尊氏の賀茂行幸の随兵の中に、野本能登四郎朝行と記述されています。（『吾妻鏡』）

野本氏は現在の無量寿寺付近に館跡があったとされていて、建長六年（一二五四）の銘を有する梵鐘銘の「野本寺」が前身で、館内にあった持仏堂が発展したものです。

押垂は現在上押垂・下押垂に分かれていますが、押垂氏の居住地は現在の東松山市リバーサイドパークの北側に当たる自然堤防上で、当時は十分な人口を養える土地面積があったと推定されています。ところが、江戸時代初期に都幾川と越辺川の改修工事を行ないました。それは下流の川島地域の水田農業を安定させる目的がありました。

押垂の地名は「押出すような急流により出来た土地」の意味で、都幾川により造られた扇状地状の土地です。改修工事により都幾川の流れも早くなり、押垂でも自然堤防が浸食されるようになり、水災を防ぐために鎮守氷川神社が大宮氷川神社から勧請されたのが享保元年（一七一六）のことです。そして、遂に土地の浸食が進み、上流の自然堤防と下流の自然堤防に住民が分かれて移住しました。氷川神社の社有地は神社の周辺に一・六町歩あり、明治になり氏子に一戸当り四畝ずつ配分しました。リバーサイドパーク建設の際の土地買収対象者が、上押垂・下押垂に多かったことは勿論です。

昭和五十年（一九七五）まで氷川神社は堤外に森に囲

押垂館跡
右側にリバーサイドパークがある

まれて孤立していました。上・下の押垂の住民が社前に集まるのは、お祭りの時だけでした。神社は堤防改修工事に伴い下押垂の集落の西に移転しました。

⑧江戸時代に野本藩が存在したという話を聞きました。それについて解説して下さい。

平成十九年（二〇〇七）秋、東京国立博物館で大徳川展が開かれましたが、展示会に徳川家康から渡辺守綱（もりつな）に下賜された南蛮胴具足（なんばんどうぐそく）が展示してありました。家康から渡辺守綱の長年の軍功を賞して下賜されたと説明に書いてありました。

江戸時代初期天正十年（一五九一）から野本の地は、渡辺守綱の知行地でした。守綱は家康と同じ天文十一年（一五四二）生まれで、各地の戦闘で『槍の半蔵』として活躍した武将でした。彼は足軽部隊を率いて家康の側近にいて、家康を警護していました。江戸初期の知行高は三、五二〇石（野本、下青鳥、今泉、長楽）で、守綱―重綱―忠綱の三代にわたり野本の領主でした。渡辺氏の支配は元和八年（一六二二）まで続きましたが、忠綱の死後この地は一時天領になりましたが、弟吉綱に再び与えられました。吉綱は大阪城番になり、和泉国、河内国に一万石を与えられ、石高も従来の三、五二〇石を加えると、一三、五二〇石の野本藩が成立しました。

その後方綱、基綱と続きましたが、元禄十一年（一六九八）武蔵国の知行地は近江国に代わり、本拠は和泉国大庭村に移動し、大庭（おおば）藩となりました。渡辺氏は野本にいたことはなく、泉野長左衛門が代官として支配しました。今でも、「じんやんち（陣屋の家）」と呼ばれている家がありますが、そこに陣屋があったのでしょう。

⑨小字上川入及び下川入はどんな意味を持つ地名ですか。

野本の地は水害を受けず、地下水が浅い土地ですから、昔から集落の立地場所としては最適な所でした。小字清水堂には湧水があり、そこから流れる小川の上流部が上川入、下流分が下川入です。下川入には日枝（ひえ）大神社があります。この神社は小字中妻の鎮守として、寛文二年（一六六二）に創建され、初め日吉山王権現といいました。天明元年（一七八一）の棟札には「別当下野本聖徳寺」と書かれていますが、当時は聖徳寺が別当として日吉山王権現を管理していました。『風土記稿』には「元は寺というべき

日枝大神社

程にあらざりしを元禄十一年（一六九八）一寺となり」と記されています。

聖徳寺は明治の初めに廃寺になり、その場所は現在中妻の墓地になっています。日枝神社には、明治十年（一八七七）諏訪神社、神明神社、天明社が合祀されました。諏訪神社は水を呼ぶ神様ということで、日枝神社のことを本末転倒して「お諏訪さま」と呼び崇敬しています。

⑩小字被園在家（ひえんざいけ）とはどういう意味を持つ地名ですか。

「お諏訪さま」の南の比較的平坦な土地を小字被園在家と呼んでいます。被園は「ひえん」と読み、「ひえい」の転化したものと思われます。この地にあった聖徳寺の境内地に文殊堂と共に祀られた日枝大神社から、この土地が中世に比叡山延暦寺の荘園だったのではないかと推察されます。聖徳寺は金谷の浄光寺関連の寺で、天台宗浄光寺により比叡山延暦寺に荘園を寄進したものではないかと思われます。

浄光寺は後深草天皇の勅願所になったということが寺伝にあります。後深草天皇は生来病弱であったと言います。南北朝時代の後深草天皇の系統を持明院統（北朝）、弟君の亀山天皇の系統を持つ大覚寺統（南朝）と住まいの場所で区別しています。

この辺の中世武士としては、秩父氏の一族で平一揆（たいらいっき）と呼ばれた武士の高坂氏がいました。高坂氏は足利氏の家臣で、その勢力下にあった浄光寺は、北朝系の後深草天皇の勅願所になったのでしょう。ここは台地の下にあり、冬は北風が弱く温かく土地は平坦で、農地としても最適な場所です。在家とは、荘園内に住んでいる農民のことをいいます。被園在家とは、荘園由来の集落ということです。

⑪小字中妻とはどういう地名ですか。

妻は、つばの転で、つばは動詞ツバエルの語幹です。ツバエルとは崩壊した土地を表していて、川により削り取られた土地という意味です。中はその中心です。中妻とは、太古の時代に川に削られた土地の中程にある集落ということです。

⑫曲輪（くるわ）という地名の由来について説明して下さい。

曲輪とは、城砦（じょうさい）の周囲に築いた柵とか土塁を指す場合とその中にある集落を指す場合があります。当地の浄土真宗高綱山証誠院了善（りょうぜん）寺が慶長年間（一六〇〇初め）に草創されたことに関係があります。領主渡辺守綱の妹了善尼が父の高綱の菩提を弔うために一寺を建立し、自らの名前を付けて寺名としました。山号は父高綱の名を付けました。了善寺周辺に三河から寺百姓を七軒移住させ、集落をつくりました。そのため、寺の周辺に土塁・

了善寺

土塁跡（？）

堀を巡らしたのではないだろうかと思います。東国では浄土真宗の寺は少なく、当初周辺の人達に対する警戒のために曲輪をつくり、その中に了善寺を建てたのでしょう。

⑬了善寺の駐車場に「春桂家塾跡」の標識が立っていますが、春桂家塾のことを説明して下さい。

明治以前は公教育が普及していなく、家塾が教育の中心でした。了善寺の第十世住職嵩古香（一八三七〜一九一九）が郷里の子弟の教育のために明治八年旧熊谷県の許可を受けて開塾して、春桂家塾として多くの塾生を集めました。塾生は比企郡内は勿論のこと、県内各地、遠くは長野県からも集まりました。これだけの塾生が集まったのは、古香の漢学の素養の深さ、特に漢詩の力は東京に於いても有数のものがありました。春桂家塾の明治期の郷土の教育に及ぼした影響は大きく、春桂家塾に学んだ人達は戦後まで指導者として活躍していました。

春桂家塾跡

⑭昔から古凍へ登る坂道を蛇坂（へびさか）と言いました。今でこそ広い道路ですが、二メートル足らずの狭い道でした。両側は山ですので、よく蛇が出たということです。

小字でいうと蝉坂（せみざか）となっています。蛇坂か蝉坂か、どちらが正しいのでしょうか。

昔の道路は山の中の二メートル程の狭い坂道で、この坂道を「せ（狭）・み（廻）」坂、狭い坂道と呼んでいました。ところが、坂道ではよくヤマカカシ等の蛇が出たので、誰いうとなく蛇坂というようになったのでしょう。

現在の蛇坂

二. 上野本(かみのもと)

①上野本の中心、八幡神社がある場所の小字を主林名(しゅりんな)と言います。その意味を教えて下さい。

主林名とは、中世の荘園地名で主林という農民の荘園であることを示しています。この場合、仮名といって本名でなく、仮の名を付けています。小区画の荘園の場合地名とし残されている数少ない例です。

②野本市民活動センターの西側の小字西浦の由来を説明して下さい。

位置関連地名の場合、方向・方角とか相対的位置関係地名があります。この場合、利仁神社裏の場所といったところでしょう。

③八幡神社の前の小字後拝にはどんな意味がありますか。

「ごはい」と読みますが、「ご」は古で古いという意味です。「はい」はハリの転じたもので、開墾地のことです。この場所は、古い開墾地という意味の地名です。

『風土記稿』に「八幡社在家の鎮守なり。氷川雷電を相殿とす。当社往古は雷電一社にして、祭神別雷（いかずち）の神なり」とあり、畑作地帯をかかえる当地区にとっては降雨、水利の神として崇敬されていました。江戸時代になり、領主渡辺氏の祈願所となりました。祈願所の体裁が整った段階で神職が置かれるようになりました。神社の西にある布施田家が神職として奉仕して、享保六年（一七二一）以降は、布施田大和を名乗り、それ以降は、布施田（ふせだ）家は周辺の神職仲間の中心として活躍しました。

拝殿には、明治二十五年（一八九二）奉納の「都幾川堤防工事」の絵馬があります。これは、都幾川左塚（さづか）堤防の完成を記念して、その功業を後世に伝えると共に、以後水害のないことを祈ったものです。河川改修に伴って左塚堤防の消えた現在、野本の画家山口甕山（おうざん）、文章を書いた嵩古香（かさみここう）の名と共に、永遠に残されていくことを希望します。

当社の獅子舞は昭和五十五年市指定無形文化財に指定されました。この獅子舞は、秋祭りのときに奉納されます。ここの獅子舞は、棒術を行ってから、獅子舞が行われます。

上野本八幡神社

神社南にある道標（撮影当時）

④氷川神社の餅搗（つき）き踊りは有名ですが、それについてお話し下さい。

高坂を中心に広く伝えられている伝説に悪竜退治の伝説があります。上野本の氷川神社の餅搗き踊りは、この故事に因んで、村人が悪竜退治した坂上田村麿将軍一行に餅を搗いてもてなしたことに始まるという言伝えがあります。現在では十一月二十三日、五穀豊穣を祈念して実施されています。この餅搗き踊りは、県指定無形文化財になっています。

餅搗き踊りの氷川神社

⑤不動沼にある倶利伽羅(くりから)不動尊は恐ろしい形相をした石仏ですが、どんな意味を持つ石仏ですか。

この石仏は、躍動する胴体を持った黒竜が岩の上に立ててある鋭利な剣にからみ、口から火炎を吐きながら、今にもその剣を剣先から飲み込もうとしています。鋭い爪を持った竜の手が宝珠をしっかり握っています。倶利伽羅とは、竜の意味の梵語(ぼんご)で、クリカラとはインドの伝承では、黒褐色の竜王で不動明王の化身だといわれています。この不動尊は、滝口や清水の湧き出る水辺などに多く祀られ、水神として建てられたものです。

倶利伽羅不動尊

(写真中央奥に不動尊が安置されているお堂)

三．下青鳥（しもおおどり）

『地名誌』には「青鳥の名義は明らかでないが、今日まで二つの説がある。その一つは、伊古乃速御玉比売（いこのはやみたまひめ）神社の鳥居があったためにその名がおこったとする『風土記稿』の伝承である。第二の説は、当地の浄光寺の縁起に、開山覚詮がこの地に来たとき青い鳥がいたので、ここを聖地として寺を建てたとあることによる」と書かれています。その故事により地名を「青鳥」にしたと言いますが、『地名誌』の説は二つの説とも説得力がありません。『風土記稿』には、石橋の小字宿青鳥・内青鳥と下青鳥が一村であったが、宿青鳥・内青鳥が石橋村になり、下青鳥が分離してしまったと書かれています。それでは、青鳥の語源を調べると、「おお（大）・とり（取）」で都幾川に浸食されている地形を表わすということになります。『源平盛衰記』にある頼朝が武蔵国月田川（都幾川、昔はこの辺まで槻川と呼んでいた）のほとり青鳥野に陣を取ったという史実に適合します。

下青鳥から北の上野本の一部を通称で金谷（かなや）と呼んでいます。都幾川の河原に砂鉄が採れた時代の呼称が残ったものと思われます。浄光寺は古い寺ですから、仏具を造る製鉄業があったことも考えられます。

①小字の谷中（やなか）という地名について説明して下さい。

谷中は湿地を表す地名です。谷中の自然堤防上に集落があり、谷中集落と呼ばれています。昔は水場であって住民は雨期には溢水に苦労をしました。

②浄光寺は市内の古刹の一つですが、この寺のことについて話して下さい。

天台宗の寺で、群馬県世良田の長楽寺の末寺です。寺伝では、仁治元年（一二四〇）の草創で、開山は覚詮和尚です。初めは青鳥山延命寺と号していましたが、宝治二年（一二四八）後深草天皇の勅願所となり、大願山成就院浄瑠璃光寺（じょうるりこう）と寺号も変わりました。後深草天皇から南北朝時代に入り、後深草天皇の系統を持明院統と呼んで、北朝に属していました。北朝は足利尊氏が支持していましたから、足利尊氏の家臣の武蔵一の武将高坂氏の支配領域であった関係で後深草天皇の勅願所になったものと思われます。

最初は小字雉子尾（きじお）の延命寺（浄光寺の北西部）にありましたが、天正年間（一五七三〜

一五九一）現在地に移転し、寺名も延命寺から浄光寺に変わりました。慶安年間（一六四八〜一六五二）寺領二十三石を幕府から賜りました。融通念仏縁起絵巻、本堂の前の板石塔婆は共に市指定文化財になっています。

浄光寺

市指定文化財の板石塔婆

③一本松についての伝説を説明して下さい。

浄光寺の東の三叉路の傍に一本松という素晴らしい枝並みの松がありました。その松にまつわる伝説が残されています。

昔、金谷の里の名主の家に綾（あや）という美しい娘がいました。綾が十六歳のとき、母が亡くなり、浄光寺に埋葬しました。その頃、浄光寺に左膳（さぜん）という年の頃十七・八になる寺小姓（てらこしょう）（註）がいました。母の墓前に毎日の様に通う綾が左膳に心ひかれる様になり、左膳も綾のことを心憎からず思う様になりました。二人のことが世間の噂になり、遂に綾の父親が綾の墓参を禁じてしまいました。綾の乳母は綾の娘心の哀れさを思い、月に一度満月の夜に一本松の下で会わせることにしました。ところが中秋の月の夜、綾が一本松の下で待っていましたが、左膳は現れませんでした。翌晩も次の晩も同じでした。浄光寺の住職は身分違いの恋は成就できないと考え、左膳を京都の寺に修業の旅に出したのでした。季節も変わり冬になりました。綾は父親に京都の寺に行くことを懇願し、父親も綾の願いを許しました。乳母と綾は巡礼姿になり、左膳がいる京の寺に出掛けました。

現在の一本松

幾年月、ついに綾も左膳も帰ってきませんでした。里人は二人を哀れに思い、二人の墓をつくりました。小字二ツ塚は綾と左膳の塚があるので、付けた地名です。

註　住職のそばにいる少年

氷川神社

④小字氷川裏に鎮守氷川神社があります。氷川神社の説明をお願いします。

大宮の氷川神社から勧請したのが正徳五年（一七一五）のことで、都幾川の改修工事が終了して洪水が起り易くなってからです。本殿は、総欅（けやき）の一間社流造りで、こけら葺（ぶ）きの屋根で全体的に簡素な造りです。竜・鳳凰（ほうおう）・獅子等の立派な彫刻があり、箭弓稲荷神社の彫刻を担当した彫刻師が立寄って彫刻したと伝えられています。

本殿の建築は江戸時代後期のものです。

⑤矢来（やらい）用水が流れていますが、この用水について解説して下さい。

都幾川に圦樋（いりひ）（註）があり、都幾川の水を下野本、上野本、長楽、上押垂、下押垂の耕地に農業用水として供給している大切な用水を矢来用水といいます。昔は川の中に竹で荒く組んで造った圦樋で、やらい（矢来）用水と呼んだものでしょう。

註　水路の出入口にあるとい。

四．押垂

『風土記稿』には、「近年まで上下の分かちなかりしが税務のために、享保三年（一七一八）願上て分村すといへり」とあります。「おしだり」の「おし（押し出し）・たり（たるの方言、川が急流をなす状況）」です。

藤原秀郷流野本基員の子基時（系図では時基、『吾妻鏡』では基時になっている）が押垂に居住して押垂氏を名乗りました。基時は、承久の乱のとき、宇治川の合戦では戦功を挙げたといいます。そして、四代将軍頼経に信頼され、嘉貞三年（一二三七）には近習番になっていきます。これだけの勢力を持った押垂氏の館は昭和五十年（一九七五）まで氷川神社のあった場所だろうと推定できます。現在のリバーサイドパークの北側の堤防際の場所です。

天和二年（一六八二）以降、長楽を直進していた都幾川を、下流の川島領の治水を考え迂回させせて、長楽の南で越辺川と合流するような改修工事をしました。そのため、長楽の

西側に堤防を築造して、都幾川を堤防に沿い南に流すようにしました。(註)
そのため、都幾川は流速を減ずるため蛇行を繰り返すように改修されました。その影響で押垂の自然堤防も浸食が進み、水害が起こるようになりました。鎮守氷川神社は享保元年(一七一六)大宮の氷川神社の分霊を祀り、水害を和らげようとしました。その効果も空しく、住民は上流・下流の自然堤防にそれぞれ移転して上押垂、下押垂に分かれて居住するようになりました。
『風土記稿』には「税務のために享保三年願い出て」上・下押垂に分村したと書かれています。当時の氷川神社の社有地は、宮瀬・観音前・庚申原に一町六反あり、明治になり一区画二畝ずつ区分し、一戸当たり二区画ずつ配分しました。小字観音の宮地は上押垂、宮瀬の宮地は下押垂、庚申原の宮地は上押垂と下押垂の各戸に配分されました。

註 岡田潔「江戸初期の都幾川・越辺川の河道の変遷について」『埼玉地理』二十八巻二〇〇四

一・上押垂

ここは扇状地状の土地で、近くの堤防が決壊しても水が集落に浸水しないと住民が信じていいます。押垂の旧地からまずこの地に移住が始まり、引き続いて下押垂に移住しました。

①上押垂の泉蔵寺には、市指定文化財の十一面観音立像と絵馬がありますが、それについて解説して下さい。

泉蔵寺は天台宗浄光寺末の寺院であり、薬王山正泉院と称しています。観音堂には市指定文化財の十一面観音立像を祀っています。この十一面観音立像は檜材寄木造りです。像高一一〇センチ、台座二六センチの立派な観音像です。この像については、昔、泥棒が観音像を盗んできてここまで運んできたところ、どうしてもこれ以上進むことができなかったので、泉蔵寺に安置したという伝説があります。下野本には清水堂にあった観音像が盗難にあって、上押垂の泉蔵寺にあるという話が伝えられています。上押垂では当時醸造業が盛んに行われていて、経済的に恵まれていたために清水堂の十一面観音立像を購入したものと思われます。観音像を売買するということは、江戸時代末期でも許されざることであった筈です。そこで、下野本の清水堂の仏像が盗難に遇ったという話が広まったものと思います。

観音堂の建築年代は明らかではありませんが、須弥壇下部の柱に「松下大棟梁　天保十一年（一八四〇）酉〇〇七月十三日」の墨書があります。そして、平成六年に老朽化した観音堂の大修理を行いました。

観音堂には格天井(ごうてんじょう)があります。板敷きの間(ま)の二十枚に鳥の絵、須弥壇の間(ま)には六十九枚の四季の花が描かれています。板の右隅には寄贈した者の村名と名前が書かれていて、寄贈者からみると、上押垂、悪戸等の近隣の村々の者が多いようです。

観音堂の中には、元禄三年（一六九〇）に奉納された市内最古の絵馬があります。

泉蔵寺

②江戸期末に当地で行われていた酒類の醸造業について解説して下さい。

『東松山市の歴史　中巻』には、上押垂の醸造業について詳しく記載されています。酒造人山下三郎右衛門の家はかなりの規模の酒類の醸造業を行っていました。ところが天保九年（一八三八）「古米を以て新酒造込み」の禁令違反を犯し、古米代金を没収され、過料金処分を受けました。

それ以前の文化一三（一八一六）年、浜名屋吉五郎は山下三郎右衛門の蔵を借りて酒造を営業していましたが、三郎右衛門の五一七両という莫大な債券の一部と屋号を浜名屋吉五郎の跡を継いだ浜名屋文吉こと市左衛門が相続しましたということです。

二．下押垂

①氷川神社は現在は下押垂にありますが、この氷川神社について解説して下さい。

現在は下押垂の水塚の上にありますが、昭和五十年（一九七五）以前は現在地よりも二百五十メートル程上流の小字宮ノ脇にありました。現在の境内の配置は、宮ノ脇にあったままの状態を復元したものですが、参道は元の参道の三分の一程度に縮小しています。

社殿内にある社号額には、

表には「氷川大明神」、

裏には、

「西福寺五十四世　受之文化三年四月十六日

下押垂にある氷川神社

神祇伯資延王謹書印之　武州比企郡　下押垂」と書かれています。江戸時代の別当は下押垂にある西福寺（明治初期に廃寺）であったことが分かります。

下押垂の自然堤防は都幾川が高坂の反町付近を流れた時にできたもので、比較的高いために昭和二十二年（一九四七）年のキャサリン台風の時、上流の左塚の堤防が決壊したときも下押垂は浸水を免れました。

②上・下押垂で負担になったのが川除場と堤防の維持管理で、江戸期の状況について説明して下さい

上・下押垂合わせても三七〇石に過ぎないのに、一、三〇〇間（二、六六〇メートル）の堤防と数か所の川除（洪水の害から逃れるための工事、堤防の嵩上げ等）場を維持しなければならず、支配者は大名、旗本、幕府領と次々に代わりましたが、堤防の維持・管理には莫大な費用を要しました。

③明治十七年（一八八四）東松山にできた連合村の中の下野本連合の村役場を下押垂に置きました。初代下野本連合戸長は柴生田義治でした。下野本連合村役場はどうして村の片隅にある下押垂に置いたのですか。

当時の農村において、川の洪水防止を目的とする堤防の修築と用水問題が最大の問題でした。堤防の修築は上押垂方面からの堤防と下押垂方面の堤防が食い違っていて、その締切りが下野本連合村の最大の問題でした。都幾川の用水問題は唐子村からの矢来用水路の配分問題でした。これらの問題の解決には、村役場を下押垂に置き、連合戸長は下押垂の有力者柴生田氏にお願いするのが最適だったのでしょう。

下押垂集落

五．古凍（ふるこおり）

『和名抄』に見られる古郡は、ここに該当するものと思われます。当地区は台地末端に位置し、地内には古墳後期の古凍古墳群と古墳前期から後期まで出土する番清水遺跡があります。

『地名誌』には「古凍は古氷、古郡とも書かれ、古くは土袋庄松山領に属し、『小田原役帳』にも比企郡古郡と載せている。古凍の名は比企郡のいにしえの郡家の地であったのでこの名がおこったとみられる」と書かれています。

①南吉見の条里遺跡の場所で、東山道武蔵路(とうざんどう)とみられる直線道路が平成十四年（二〇〇二）の発掘調査で見つかりました。その点から、古代の郡家は鷲神社の辺にあったことが推定されます。その考えは正しいでしょうか。

古代の官道は都から七本の道が日本各地に伸びていました。その一つが東山道で、近畿から中部地方、関東の山沿いに伸び、東北地方に達していました。その支道が武蔵路といわれる道で、東山道の新田駅から府中まで延びています。直線的な路線と一二メートル程度の広幅の道が特徴です。当時は役人、軍隊のみが通行できる道路でした。

西吉見地内で、県営圃場(ほじょう)整備事業が行われた時に出土した古代道路が東山道武蔵路であるということで話題になりました。この道路は七世紀後半に築造され、十世紀頃に廃絶になったと推定されます。西吉見地内の武蔵路が古凍の鷲神社を目指しています。神社の場所が郡家のあった場所で間違いないでしょう。この推定が正しいとすると、東山道武蔵路は郡家から南に戸守を通って川越の的場の郡家に向かうことになります。

戸守郷は貞治四年（一三六五）中世武将高坂重家の父専亞(せんあ)が鎌倉府から拝領した土地で、応安元年（一三六八）の平一揆の際に鎌倉府に没収され、鎌倉府は足利氏の菩提寺鑁阿寺(ばんなじ)に寄進しました。戸守郷は小見野方面の用水の分水地であったことが鑁阿寺文書で分かります。当時、都幾川が戸守郷の南を流れていて、農業用水の供給地として、また、川の渡河地点として大事な場所でした。

②古凍の鎮守鷲神社の「祭り囃子」は市の無形民俗文化財に指定されています。この「祭り囃子」について解説して下さい。

鷲神社の社伝によりますと、治承二年（一一七八）鷲宮町の鷲神社から勧請して祀ったということです。その後、文治年間（一一八五〜九〇）に本殿を建立し、貞和二年（一三四六）に覆屋を造営しました。

寛永二年（一六二五）に著した「須永家由来書」によると、大里村の相上の須永家の先祖が当地に移り住み、村の鎮守として熊野大権現（現在須永一族の氏神）と鷲宮大明神を勧請し、更に菩提寺として慈雲寺を建設したということです。その年代は室町時代の中期と思われます。『埼玉の神社』では、衰微していた鷲神社を再建したのが須永家であるとしています。

鷲神社祭りばやし（東松山市教育委員会提供）

鷲神社の祭り囃子は、江戸の神田囃子の流れを汲み、明治三十年（一八九七）頃全盛期でしたが、その後中断、昭和三年（一九二八）復活しました。この時川島町小見野の人達の指導を受けたそうです。

古凍はやし連は、鷲神社の夏祭り、秋祭りに出演するだけでなく、市内の箭弓稲荷神社初午や市内の催し等に出演しています。

③江戸時代の水運について説明して下さい。

天明四年（一七八四）、古凍村は市野川の川端に設営した荷置場と鳥羽井河岸までの通船は、年貢米だけでなく色々の商品の輸送にも使われました。下り荷物としては炭・米・酒類があり、上り荷物として斎田塩（さいでん）（神社に献上する塩）、赤穂塩、酒明樽（空の酒樽）等がありました。

④小字天神越、諏訪前、熊野越は昔それぞれの神社があった場所ですか。

「越」は越すということで、山の頂上の意味です。天神越は天神社が祀られている所、諏訪前は明治四十年（一九〇七）に鷲神社に合祀された諏訪神社前の土地ということです。熊野越は熊野神社が鎮座している丘という意味です。この丘をおくま山といい、古墳です。墳丘の規模は、全長六二メートル、後円部の直径四〇メートル、高さ七メートル、前方部長二二メートル、高さ二メートルです。後円部に比べ前方部は多少削られていますが、かなり低く、古い時代の古墳の様相を呈しています。この古墳は、帆立貝形前方後円墳といいます。昭和六十一年（一九八六）の発掘調査により、周溝から円筒埴輪、人物埴輪が出土しています。出土遺物から、六世紀前半に築造されたと考えられています。後円部の墳丘の上に熊野神社が祀られていて、そのことからおくま山古墳と呼ばれています。

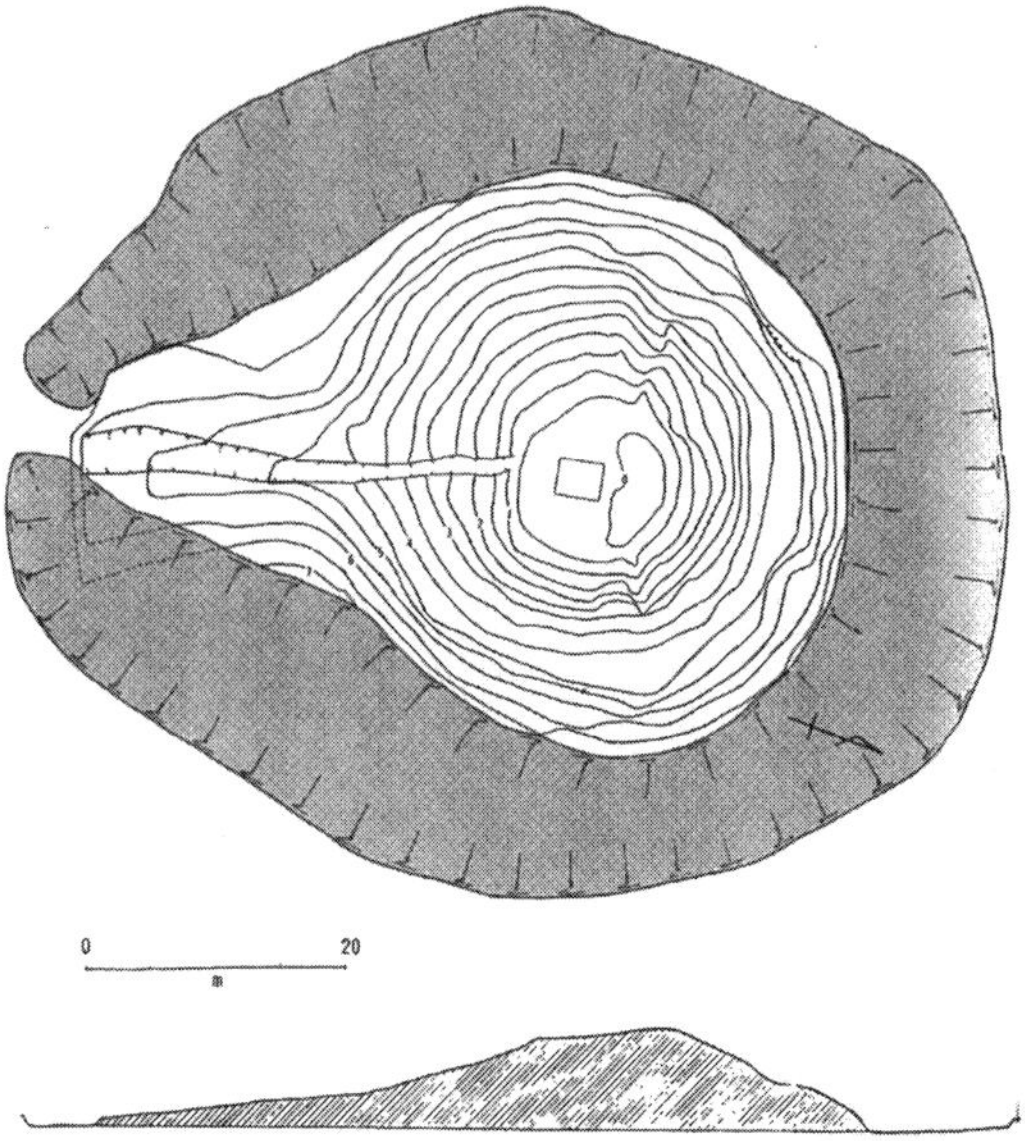

おくま山古墳の実測図

おくま山古墳

⑤台地の南東斜面を小字根岸といいます。ここにある根岸沼についての解説をお願いします。

根岸沼は行政上は川島町に入りますが、根岸に接近しているので根岸の地名を付けて呼んでいます。ここは、昔の川の流れた跡で、河跡湖（かせきこ）と呼んでいます。恐らくは都幾川の造った河跡湖であろうと思われます。

都幾川は中世末までは長楽を直進して、現在の安藤川の川筋を流れていましたが、江戸時代になり川島領が川越の穀倉としての価値が高まるにつれ、治水上都幾川の流路の改修を行う必要性に迫られました。そこで江戸時代初めに根岸の南に流しました。都幾川は根岸の東部で市野川と合流し、この下流の川島領の各村に逆に水害を引き起こしました。

根岸沼

天和二年（一六八二）、長楽の西側に堤防を築造して、都幾川を迂回させて越辺川と合流させる改修工事の完成で川島領の穀倉地帯の水害問題の基本は整備されました。根岸沼は以前の流路の跡です。この流れが長期間でなかったことは、加藤集落の自然堤防がごく低いものであったことから分かります。

六．今泉（いまいずみ）

今泉は新しく出来た集落の意味です。古棟からの分村で、南の都幾川の流路跡を開墾するためにできた集落だと推定されます。最初の集落は、古吉海道にあった五軒の農家から構成されていたということです。

今泉の地名は『小田原衆所領役帳』にもあり、中世末には集落ができていたことが分かります。今泉の鷲神社の創建は古凍の鷲神社とのかかわりはあったはずですが、詳しいことは分かっていません。

①オシャクジ様、行人坂という地名がありますが、地名の由来をお聞かせ下さい。

曲輪との境界にあった石の神様をオシャクジ様といい、百日咳（せき）の神様として信仰されていました。流行風邪（はやりかぜ）に罹った時は祈願し、全快したら小鮒を竹筒に入れて奉納したということです。シャクジは石神のことで、オシャクジ様は曲輪の天神社に射軍社として合祀されています。行人坂は、この坂を下りきった左側の雑木林の草むらに二体の石仏があります。この近くの墓地には「弘化二年（一八四五）乙巳湯殿山為行人菩提　今泉　忠蔵」と書いてある墓があります。行倒れになった行者を供養した墓でしょう。そのために行人坂という地名が付けられたものと思います。

②タッチュウ場という場所がありますが、どういう意味ですか。

柳田国男は「タッチュウもタッシュウも、もとは小さな丘・塚や森で、霊地の標識であったと思わます。タチは示現、現れることでしょう。(中略）以前は山や森の奥に「立ち所」という霊

右）行人坂
上）同坂近くにある二体の石仏

地があり、そこへ行き祖先の霊を迎え、または祭る風習があったのではないか」としています。昔は祭り墓、埋め墓に分かれていて、つい最近までこの習俗が残されていました。タッチュウ場は塔頭場で、祭り墓のことでしょう。

③小字小梨子揚という地名の解説をお願いします。

新江川の南の土地で、用水堰から取水された水が下流の小字上井流の比較的高い場所に揚げる中堀用水と新江川に囲まれた湿地を言います。古くは「古なし阿げ」と呼ばれていました。小（小面積）梨子（ならしの転で、平坦地）揚（揚水）の意味です。同様に小字鴻ノ面（川の面で、かつて川が流れていた場所）、深町ともに湿田を表しています。

④加藤という集落についてお話下さい。

加藤という集落は今泉（東松山市）と長楽（川島町）の住民から構成され、集落内に両自治体の境界が引かれています。戸数は三十戸で、今泉十二戸、長楽十八戸で構成されています。「かとう」という地名は都幾川の堤防の「かど（角）」のところに出来た集落という意味です。都幾川の流路変更が行われた江戸初期に、旧流路の開拓を行った農民の中の（今泉の馬場家、早俣の千代田家）が新しく出来た堤防の「かど（角）地」に家を建てたのがこの集落の始まりとされています。その後、下流の方の開拓は長楽からの移住者により行われました。加藤の神社は長楽の氷川神社、地内にある稲荷神社と観音様は共通の信仰の対象になっています。

七．柏崎（かしわざき）

市内市街地の延長部に当り、市街化が進行している地です。市野川が東に流れ、市野川の沖積平野が台地の東部に広がっています。台地の末端には、薬師寺沼と蓮（はす）沼があり、水田に灌漑水を供給するため池の役割を果していました。『風土記稿』にも「用水の便あしければ、溜井を設け天水を湛へて耕せり」と記載されています。

柏崎の地名については、「柏崎の名は市野川の屈曲点にあったがために生じたものとみられる。すなわち市野川はこの地の北方から、東の方へ屈曲して流れている。これが崎の名のおこったゆえんであろう。崎に冠するカシワはカシの類語で、カシには自然堤防、砂丘などの傾斜地の意があるから、柏崎の名は市野川の先端の意であろう」（『地名誌』）とあります。「かし（傾）・わ（端）・さき（台地の突端）」で、台地の先端の土地ということでしょう。

①蔵の湯の場所には、かつて酒造場があり、日本酒を醸造していました。酒造場について説明して下さい。

蔵の湯は、元の酒造場の跡地を利用して平成十一年十月開業した野天風呂「蔵の湯」で、現在千二百メートルの地下から地下水を汲み上げています。ナトリウム塩化物強塩温泉として、毎日多くの入浴客を集めています。酒造場は水を多量に使いましたので、酒造場の水の汲み上げとか排水というような設備が入浴施設を造るのに好都合だったのでしょう。

昭和五十年代に廃業した酒造場は岩田屋といい、「惣一」という銘柄の日本酒を醸造していました。岩田屋の利根川家は越後国（新潟県）から出てきて、文久三年（一八六三）に創業しました。酒醸造の従業員は蔵人（くらびと）といい、杜氏（とうじ）以下カシラ・麹（こうじ）屋・船頭・釜屋などのそれぞれの専門技術を持つ者及びその下で働くハタラキと呼ぶテコ等二十数人を希望に応じて集め、秋が終わると越後からやって来ました。日本酒づくりの期間は十一月初旬から三月末までの五か月間で、その間岩田屋のヒロシキと呼ばれた宿泊棟に寝泊していました。最年少の青年が炊事当番に当たり、タキヤ（炊屋）といって岩田屋の女中達と食事を準備する習慣がありました。

戦前は杉材で造った四斗樽に詰めて近隣の小売商に出荷しました。出荷圏は県内から東京にかけて広い範囲に及びましたが、やはり東松山市内が多かったようです。

②旧道沿いに「二本松」といわれる場所がありますが、現在は松はありません。この地名について解説をして下さい。

上野本からの旧道と旧松山・川越道の交差点近くに塚があります。その塚の上に二本の松の木がありましたので、この場所を「二本松」と呼ぶようになりました。現在この塚には大きな松の枯れた根が一本だけ残されています。この塚が経塚です。この経塚には次のような言い伝えが残されています。

江戸時代初め二代将軍秀忠の頃、この里に安曇昌成（あずみまさなり）というお大尽が住んでいました。昌成は熱心な仏教信者で、毎日の仏前のお勤めは勿論、お寺に多額の寄進をして先祖の菩提と子孫の繁栄を願っていました。

ある時、昌成は旅の僧から次のようなことを聞きました。「弥勒菩薩（みろくぼさつ）は釈迦が入滅してからこの世が無仏時代になると、兜率天（とそつてん）（註）に昇られて修行を積まれ、五十六億七千万年経つと如来になり再びこの世に現れて世の人々を救ってくださいます。その時に有難い経文を写して地下に埋めて置いた者には、仏力で再びこの世に再生して下さるそうです」

昌成はこの話に異常な感動を覚え、大般若経（だいはんにゃきょう）六百巻を写経し、納経するという悲願を立てました。昌成は大般若経六百巻と写経用の紙を用意し、写経を始めました。朝は日の出とともに起き、井戸水を春夏秋冬頭からかぶって精進し、仏間で写経を続けました。

昌成の写経は十三年後に完成しました。昌成の髪も真白になり、身体もすっかり痩せて鶴のようになりました。

好道吉日に納経することになりました。経塚の地に選ばれたのはここ柏崎の地です。一巻、一巻丁寧に埋められ、そこに土をかぶせ塚を築きました。その塚の上に二本の松を植えました。これが「二本松」の由来です。塚上には、二本松記念碑と供養碑があります。二本松記念碑は上記のような二本松の由来が書いてあります。供養碑の一つは延享元甲子(さるね)年（一七四四）に建立されたものです。碑の前面には、右から「延享甲子相丁百年供養奉修　繁室昌成　太祖　塔廟　涼室妙清　大般若経六百巻子孫代々祈繁栄者」、右側には「姓安曇昌成日　寿九十歳　天文二十年辛亥生」、裏面には「孝孫成川氏一族等謹書」と書いてあります。

その傍らに、昭和十四年（一九三九）成川氏一族により建立された供養塔があります。表には、「三百年忌供養塔」とあり、右側には「成川氏始祖」、裏

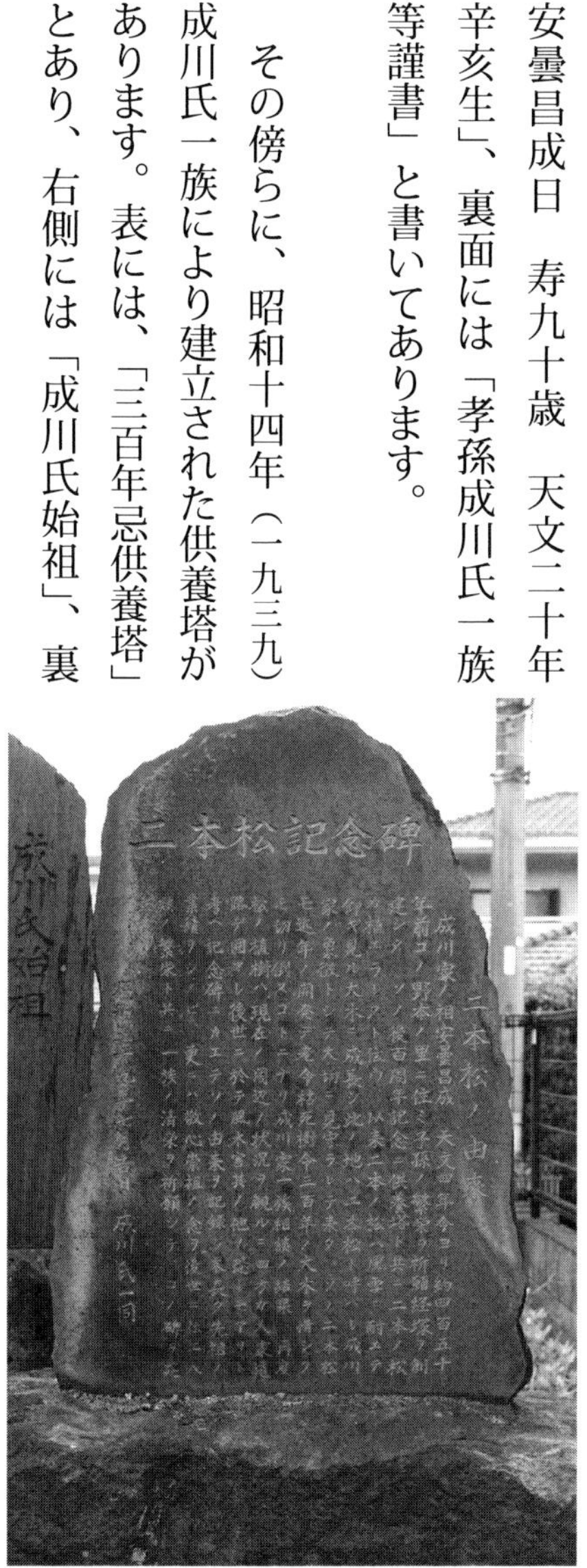

二本松記念碑

面には「昭和十四年秋彼岸成川氏一族建立」とあります。

弥勒信仰による末法思想は、平安時代の貴族の間に流行し、中世を経て江戸時代にまで及んでいます。

成川一族の大部分は下野本中妻に住んでいます。下野本は古くから開発された場所ですから、柏崎も下野本中妻の成川一族が中心となって開発された場所かも知れません。

供養碑

中世以降川越城と松山城を結ぶ街道ができ、街道に沿って街村が発達してきました。それが中心となり、柏崎集落ができました。

註　兜率天—須弥山にある宮殿で、弥勒菩薩が住んでいるという。

③鷺大神社（さぎだいじんじゃ）の主祭神は大国主命（おおくにぬしのみこと）です。鷺大神社の由来について話して下さい。

『埼玉の神社大里・北葛飾・比企』によれば、大田南畝（おおたなんぼ）の『一話一言』に「出雲大社を鷺明神という理由は、因幡国八上姫（やそがみひめ）に兎の火傷（やけど）の薬を大国主命が教えたところから白兎（うさぎ）大明神というのを訛ってサギ大明神と呼ぶようになった」と書かれています。つまり、ウサギ大明神がいつの間にか、「ウ」が脱落してサギ大明神になったということです。

当社はかつて疱瘡（ほうそう）の神として信仰されていました。これは江戸時代に流行した信仰の一つで、雑司ヶ谷鬼子母神（きしぼじん）の末社の鷺大明神や本所吉川源十郎が文政の頃出雲から勧請した鷺大明神には、疱瘡の流行時に参詣者が押し寄せたということが伝えられています。

当社の境内には昭和五十一年（一九七六）まで「まだら様」という社を合祀していました。「まだら様」とは、疫病をはやらす摩理神のことで、これを祀ることにより疫病を静めたということです。かつて、神社内に不動院という当山派修験が居を構えていて、厄よけなどの祈祷は当山派修験が担当していました。

鷺大神社

④萬松寺は三河国（現在の静岡県）から移って来た寺だと聞いたことがあります。萬松寺について詳しくお話下さい。

萬松寺

無量寿寺末の寺で、祝融山萬松寺と言います。天正十一年（一五八三）旗本渡辺弥之助を開基として、三河国八名郡和田村に一寺を建て、祝融山萬松寺と名付けました。その後、文禄年中（一五九二～一五九六）に渡辺弥之助が当所に領地を得まして、祝融山萬松寺も移動して来ました。その後、家康がこの辺に狩猟に来た折しばしば立ち寄り、寺領十石を賜ったということです。

上押垂の旧家の墓がこの寺にあることを見ても、押垂及び下野本との関係は深いことが分かります。

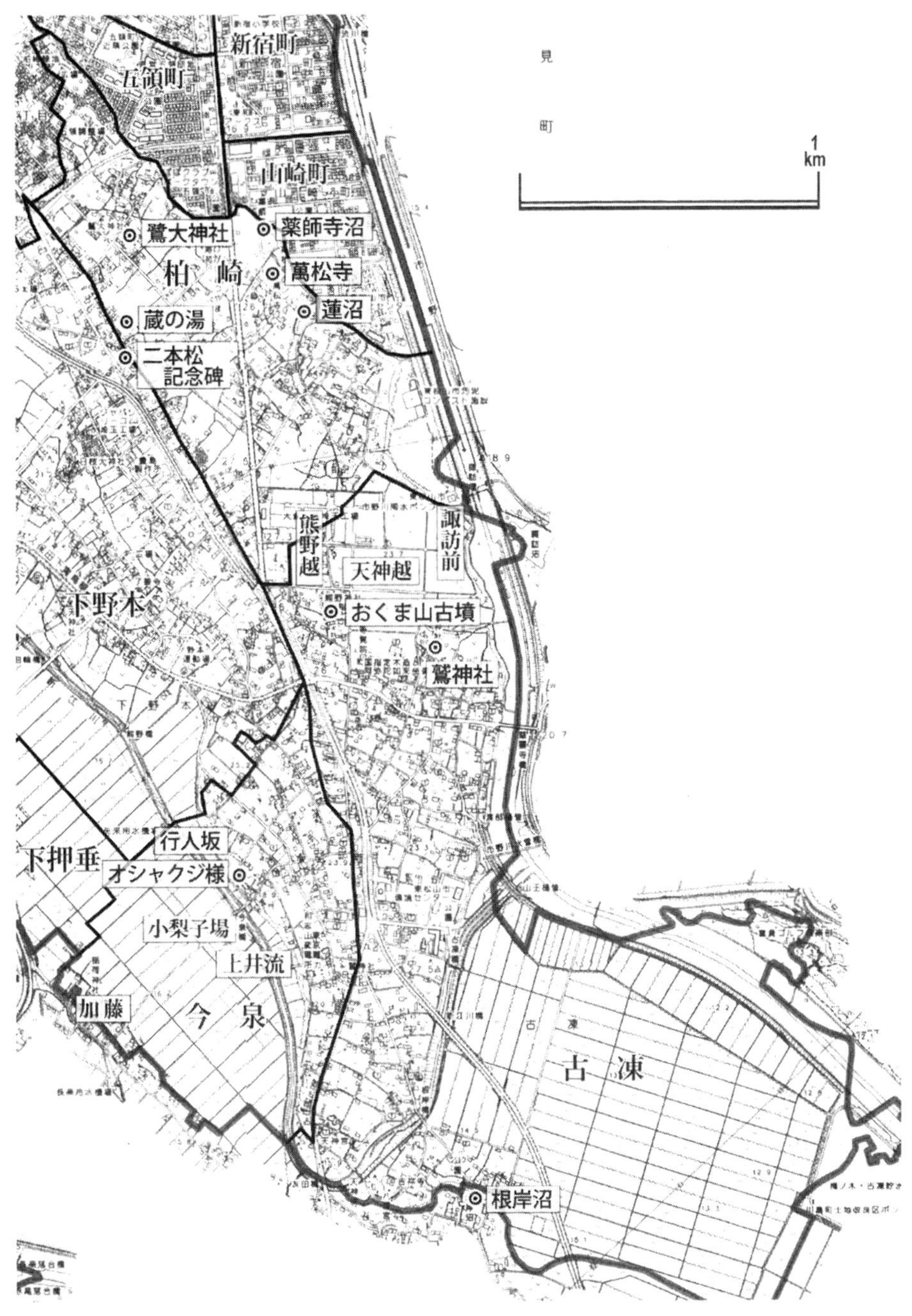

古凍、今泉、柏崎各地区（東松山市発行東松山全図１万分の１地図を使用）

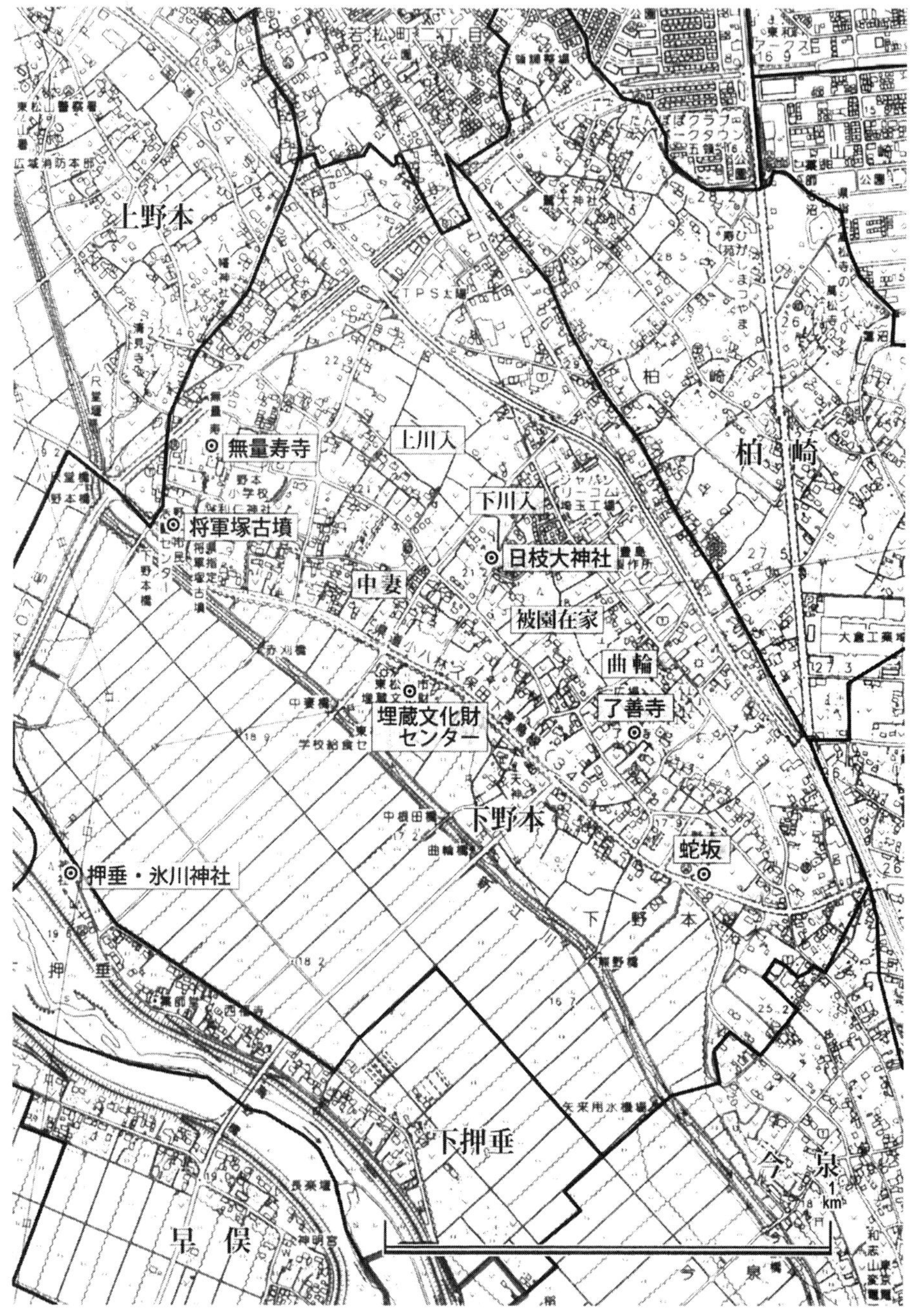

下野本、下押垂各地区（東松山市発行東松山全図１万分の１地図を使用）

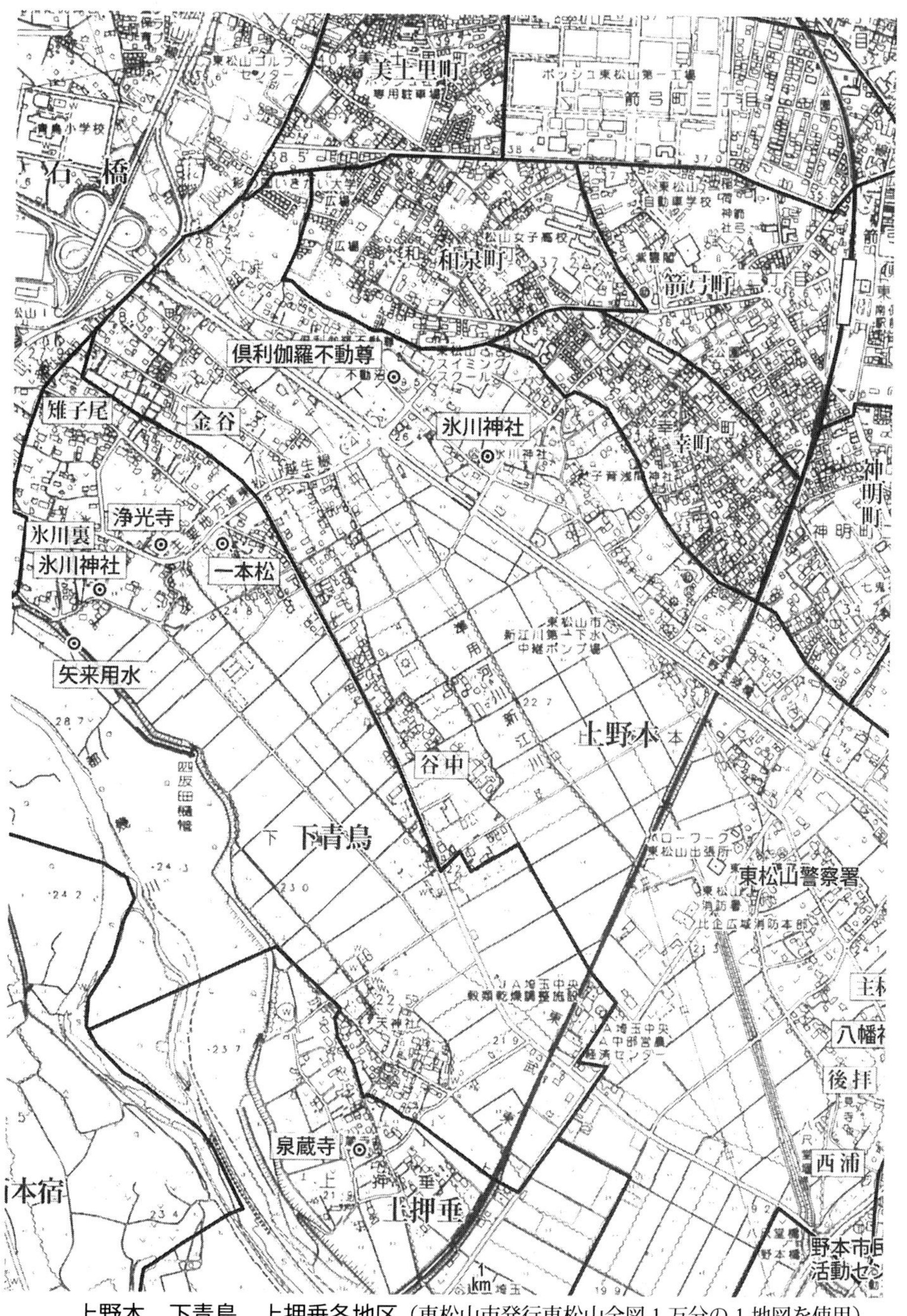

上野本、下青鳥、上押垂各地区（東松山市発行東松山全図１万分の１地図を使用）

大岡の地名

概観

江戸時代は、大谷村と岡郷村に分かれていました。大谷村は旗本森川氏の支配、岡郷村は文禄元年（一五九二）以降旗本酒井重勝の支配、寛政八年（一七九六）からは松平大和守の支配に変りました。

明治五年（一八七二）入間県第七大区五小区、明治六年熊谷県の南第七大区五小区になり、明治十七年（一八八四）大谷村連合となりました。明治二十二年（一八八九）大谷村連合の市ノ川村、野田村、東平村は松山町と合併し、残る大谷村と岡郷村と合併して大岡村が成立しました。そして、昭和二十九年一町四か村で東松山市が成立しました。

地名については、「おおや（大谷）」は地形からみた状態で、早くから開けた谷の一つです。「おかごう（岡郷）」も水田地に対する台地部の里を意味します。

大岡村の地名は明治二十二年の合併のとき、大谷村と岡郷村のそれぞれの頭文字をとり、新しい村の村名としました。

一．大谷（おおや）

ここは、比企丘陵と台地が浸食されてできた大きい谷に当たるので、地形的地名です。「谷（や）」はヤツのことで、古くから開けた土地であり、数々のロマンを秘めた伝説が残されています。

①水穴という地名について説明して下さい。

水穴とは、水の穴即ち湧水地を指します。大谷地区の地形は丘陵と台地が大きい割合を占めていますが、その末端では湧水が出ています。これをため池である天皇池に溜めて下流の水田の用水にしています。

②川岸道といわれる道がありますが、それについて説明して下さい。

『郡村誌』には、「川岸道は山田村から青山村に通じ、長さ二十五丁四十五間五尺（約二・八キロメートル）幅九尺（約二・七メートル）」と記載されています。現在の県道福田・吹上線の旧道で、この道路は国道四〇七号と交差する熊谷市大里地区の青山から国立武蔵丘陵森林公園中央口に至る道路に沿って大方旧道は残されていますが、串引沼（くしびき）（大沼）を水源とする角川（かどかわ）（門川）に沿い、その南岸を通っているので生まれた呼び名です。この道路は、かつて福田・山田・大谷等の村々にとって農産物等を小八ッ林河岸から行田や江戸に運ぶ重要な交通路でした。

写真中央奥へと流れる角川と
川岸道（写真右側）

③小字「市ノ坪」は古代国家の条里制度の遺構の跡ではないでしょうか。

古代国家の土地制度は、大陸から導入された条里制という制度でした。その方法は三六〇歩平方に区分、その一辺を条、他の辺を里と名づけ、田地の位置を何条何里と表示しました。条と里をそれぞれ六等分し、六〇平方の土地を坪と言いました。小字「市ノ坪」はこの名残りでしょう。

④小字「花ノ木」はどの様な意味を持った地名ですか。

「花ノ木」というと、一般的にはカエデ科の植物を指しますが、鎌倉の比企禅尼の墓にはカイドウの大木があり、宗悟寺にもカイドウの木があります。「花の木」とは、カイドウの木が生えていた場所ということも考えられます。

一方、「はなのき（端＋除）」で端が崖になっている山を言います。ここにある比丘尼山は、舌状型の女性的な美しい山です。『風土記稿』には「宗悟寺の寺伝に鎌倉将軍頼家元久元年（一二〇四）七月、伊豆国修禅寺に於て害せられし後、その妾若狭局（比企禅尼の孫娘）当所に来りて剃髪染衣（註）の身となり、比丘尼山に草庵を結び、頼家追福のためとして一寺を草創し、即頼家の法諡

上）比企尼山遠景
左）串引沼、写真奥はゴルフ場

長福寺殿寿昌大居士の文字及び村名をとって大谷山寿昌寺と号すと云う」と記載されています。この山には、市指定の二十基ほどの横穴墓群があります。この古墳は国指定の「吉見百穴」には見られない発達した前庭部を持っています。

註　出家して尼となる

⑤比丘尼山に隣接した串引沼にまつわる伝説について説明して下さい。

『郡村誌』では、この沼を「奇比企沼（くしひき）」としていて、次の様な伝説を記しています。

「その昔、比丘尼山の草庵に住み、夫頼家の菩提を弔っていた若狭の局が、祖母の比企禅尼の勧めで、心の迷いを取り去るために、鎌倉より持参して肌身離さず持っていた夫頼家の鎌倉彫りの櫛を捨てようと心に誓い、夜の明け染めた早朝、朝の勤行（ごんぎょう）を済ませ、祖母と二人連れだってこの奇比企沼に行き、形見の櫛を投げ入れました。櫛は沼底深く沈んでゆきました。時は元久二年七月、夫頼家の命日に当たる日であったといいます」

串引沼は谷頭にあり、下流の水田の灌漑水の供給源でありました。形が櫛の歯の様な形をなしている所から、若狭局伝説が生まれたのかも知れません。

⑥小字「主膳寺」は伊豆の「修禅寺」と関連がありますか。

『郡村誌』には「旧修禅寺と書す」とあり、古くは修禅寺と書いていました。若狭の局が大頼家を偲び「修禅寺」と名付けた地名といわれています。

⑦小字「北の前」の地名の意味を教えて下さい。

小字「梅ケ谷」には、若狭の局が隠せいしたといわれる遺跡があります。「北の前」とは、若狭の局の住居の北方にある土地という意味です。なお、「梅ケ谷」は現在は浅い谷ですが、地滑りで埋まった土地という意味です。

⑧宗悟寺について紹介して下さい。

この寺は扇谷山宗悟寺と称し、東京都豊島区赤塚の松月院末で本尊は釈迦如来です。江戸時代を通じてこの地を知行した旗本森川氏の菩提寺でした。山号は小字扇谷にあることから付けられたのでしょう。扇状の谷間という意味です。『風土記稿』には、「天正二十年（一五九二）当所の地頭森川金右衛門氏俊、寺を今の地に移して中興し、扇谷山宗悟寺と改号す」とあります。当寺には、若狭の局が鎌倉より持参したという頼家の位牌が今に伝わっています。墓地には市指定文化財の森川氏の累代の墓、本堂の前には氏俊二百回忌供養の

宗悟寺

比企一族顕彰碑

森川氏累代墓

「法界塔」、最近建立された「比企一族顕彰碑」等があります。森川氏塁代の墓は、本堂の裏手に三か所に分かれてあります。

⑨宗悟寺の「比企一族顕彰碑」について詳しく説明して下さい。

宗悟寺にある「比企一族顕彰碑」の文面を以下に紹介します。

平安時代末期から鎌倉時代初期に亘る約百年の間郡司として比企一族一帯を支配し、一族をあげて源頼朝公を助け、鎌倉武家政権創立の原動力として大きな役割を果たした比企氏の足跡は、その広さと歴史的意義において正に私達の郷土の歴史の原点であります。

今やこの比企一族滅んでから八百年、その遠忌に当る二〇〇二年を目前にして、このたび東松山松葉町郵便局開局十周年フェスティバルとして行われた歴史劇、湯山浩二作・東松山市民劇場制作『滅びざるもの―乱世に燃ゆる比企一族の記』は、多くの人々に深い感銘を与え、この偉大なる先人の姿を甦らせました。

ここに郷土を愛し、比企一族を愛する私達有志が相計り、日本歴史の一大変革に果たした郷土の先人の偉業を讃え、永く後世に伝えるために多くの方々の協賛を得て、若狭局が持ち帰ったと伝えられる二代将軍頼家公の位牌を安置するゆかり深い扇谷山宗悟寺にその顕彰碑を建設することとしました。

平成六年（一九九四）十一月吉日

比企一族顕彰碑建設委員会

清水　清　撰文

吉田鷹村　書

周りより高い場所にある雷電神社（写真中央）

⑩大雷神社の雨乞いと辻相撲について教えて下さい。

『武蔵志』には、「社地は巒山（らんざん）の内、高き所なり。遠き境より松樹繁り、覆碗（ふくわん）の如に見ゆる。夏日雲を催し雷鳴すれとも、雨少く雹（ひょう）を降らす故に遠近の民大に怖る。古今相同」と記載されています。巒山とは山が重なっている状況を表し、覆碗とは帆立貝式古墳を表しています。帆立貝式古墳とは、円形の墳丘に短い方形墳をつけた古墳をいいます。帆立貝に似ているからこの名称が付けられました。

神社は、五世紀に築造されたと推定される雷電山古墳群（市指定文化財）の上に築造されています。創建は貞観元年

雷電神社

（八五九）四月十二日で、『三代実録』に「武蔵国従五位下若雷神従五位上」とあるのがそれに当たるといいます。『埼玉県神社明細帳』に書かれている古老の口碑によると、「旧字雷光山消跡雷電坊之祖恵弁宝名僧にして雷の神を使う事妙也。依りて大治元年（一一二六）六月二十日大雷命を祀り雷電大権現と請し、日てりの際雨を降らす事願い成就速かにして云々」となっています。江戸時代には、二回の大火に逢い、現在の社殿は安政四年（一八五七）に再建されましたが、近年傷みが進み、平成十九年改築されました。

大雷神社は水分神社とも呼ばれ、干ばつのときには雨乞いが行われました。通常の雨乞いは水枯れを知らぬ御神井の水を神前に供えて、神職が降雨祈願をするというものでしたが、大干ばつの年は、「大雨乞い」といって氏子総出で串引沼で沐浴し、沼に設けた斎場、続いて神社の斎場で祈願をしました。この祈願の後は必ず雨が降ったということです。

雷電神社当社の奉納相撲は、「辻相撲」として知られています。社殿を中心に南北の谷間に辻（相撲場）があり、南側の一の辻は大相撲専用で、北側の二の辻は素人の草相撲に使われました。辻には、それぞれ土俵を中心に三百ほどの村人の桟敷席が斜面を利用して階段状に造られていました。この祭礼相撲は、江戸の大相撲を呼んで盛大に行われ、当日は村人が「ぼた餅」を持参し、観客に振舞ったので「大谷のぼた餅相撲」として有名でした。この祭礼相撲も明治二十年（一八八七）頃を境にして姿を消しました。

大雷神社に参詣する道は長い坂道なので、小字長坂という地名になっています。

⑪大雷神社に伝わっています獅子舞について解説して下さい。

大谷の獅子舞は明治末年ころから中止されていますが、かつて使用された獅子頭、太鼓、ささら等が残されています。これを見ると、三つの獅子頭（かしら）は前後に長い竜型の獅子頭で、雌獅子の下顎に「宝暦四年（一七五四）戌八月、武州大谷村塗師鈴木平助」の文字が、雄獅子の同じ場所に「武州大谷村、享和元年（一八〇一）辛酉（かのととり）四月吉日再建、鴻巣宿塗師忠兵衛」の文字が残されています。竹製のささらは九個あり、その内の六個に次のような年月日と人名が書き刻まれています。

・天保十四年（一八四三）九月六日　此主鷲巣久八　・于時明治七年（一八七四）戌九月吉日　作清水喜八　・明治十九年（一八八六）久作　・明治二十年旧九月十五日　清水伊

勢松　・明治二十八年（一八九五）九月九日　清水松之助

⑫雷電山の山姫様の伝説についてお聞かせ下さい。

秋、快晴で雷電山がくっきり見える日に山姫様が一年に一度の踊りをするという言い伝えがあります。その日は耳を澄ますと、山姫様の楽の音が風にのり高く低く聞こえて来ると言います。山姫様は一本足で、山姫様の踊りを見るのには、一本足で歩いて山に登り、途中で二度栗を十七個拾って大雷神社に供えるとよいとの伝承があります。一本足で山に登ること、それに一年間に二度も実を付ける栗の木を見つけることは大変なことです。十七個というのは山姫様の年齢で、いつも変わらず十七歳だそうです。この条件が大変なことで、山に登り山姫様の踊りを見ようとした者さえいなかったと言います。

ところがある年、一人の若者が一本足で雷電山に登り、途中で十七個の栗を拾い、大雷神社にお供えしました。その若者はその日に帰らず、翌日若者の家の屋根の棟にしがみついている姿を村人が見つけ、眠りこけていた若者を下ろしました。若者の着物の裾にはがま蛙がしっかりとくわえ付いていました。若者は三日三晩眠り続けました。

若者はその後なに一つ話さず、老人になっていきました。山姫様の踊りの日に老人は山姫様の絵姿を描きましたが、その山姫様は片足で、その足はがま蛙の足であったと言います。このように我が国の民俗信仰では、山の神は女性で、目は一つ、足は一本であると想像されていました。

⑬三千塚古墳群について解説して下さい。

地区の丘陵尾根の上に八支群に放射状に分布する古墳群を「数多くの古墳の集団」という意味で三千塚古墳群と呼んでいます。古墳群の中央の高い所には雷電山古墳があります。この古墳は五世紀中頃にできたもので、墳丘の長さ七六メートル、後円部の高さ七メートルで、帆立貝式前方後円墳です。この古墳を中心に三基の前方後円墳と二五〇基の円墳群があります。この古墳群は、市内はもとより関東でも屈指の規模の大群集墳です。三基の前方円墳には第三支群中の弁天塚古墳（全長三七メートル）、第五支群の秋葉塚古墳（全長四五メートル）、第八支群の長塚古墳（全長三七メートル）が存在し、その周辺に大小の円墳が集まっています。秋葉塚古墳、長塚古墳とも後円部に片袖式横穴式石室、前方部に竪穴式石室の二つのゴルフ場のなかに現存する三千

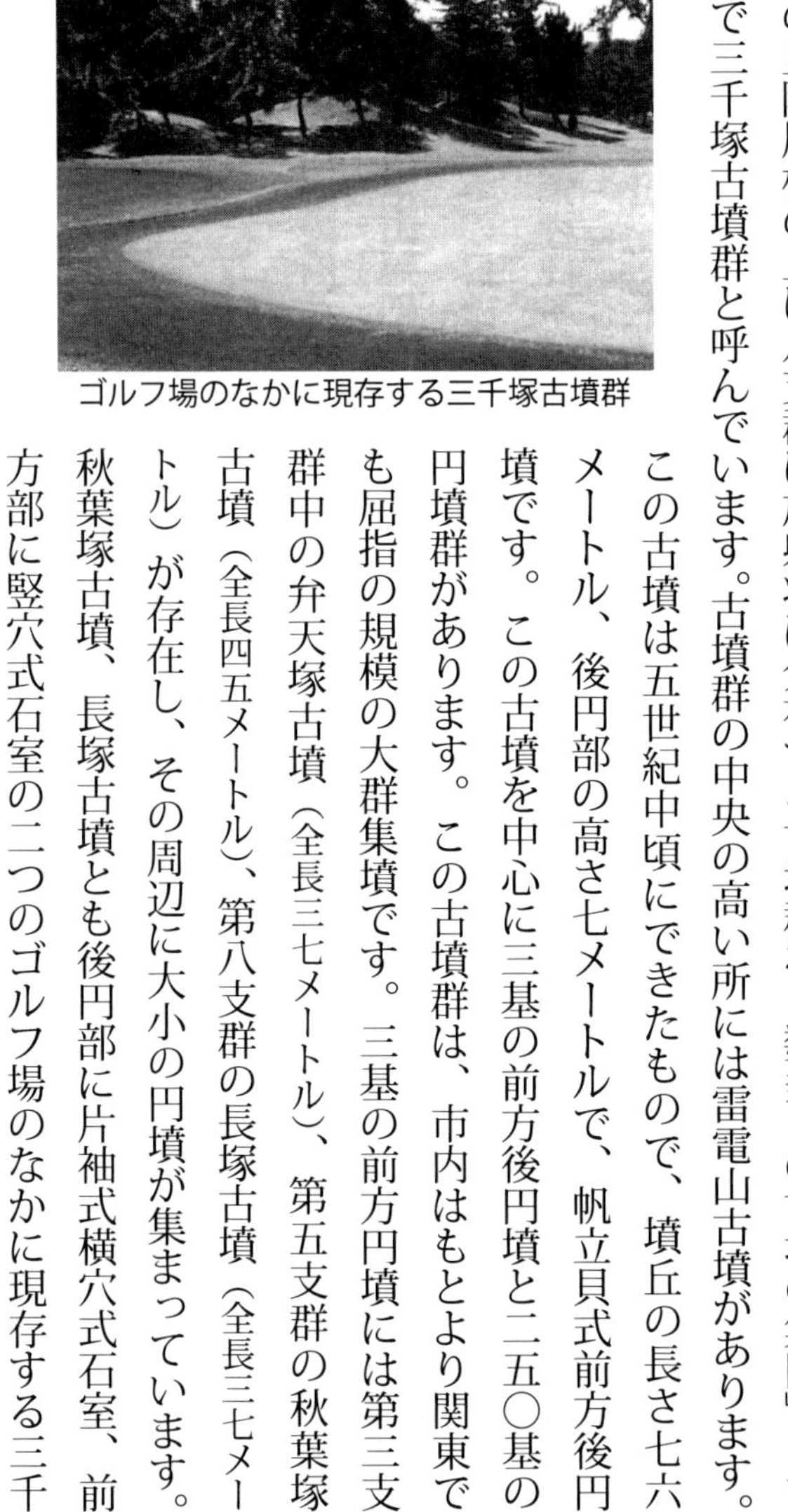
ゴルフ場のなかに現存する三千塚古墳群

塚古墳群主体部があります。弁天塚古墳は盗掘等により詳しいことは不明です。円墳の墳丘は、最大径三〇メートル、多くは一五～二〇メートルです。ゴルフ場建設に伴う発掘調査が昭和三十六年（一九六一）行われ、建設により多くの古墳が消滅しました。

⑭小字灰山という地名は、大谷瓦窯跡と関連がある地名ですか。

瓦窯跡は、県道福田・吹上線を北側に見る丘陵の東南斜面に残されています。これは昭和三十年（一九五五）に発掘調査が行われたものです。瓦窯跡は瓦を焼成した窯跡のことで、登り窯といわれる形態を持っています。登り窯とは、地山を掘って造ったもので、全長七メートル六〇センチで、約三〇度の傾斜を持っています。焚口には瓦を立てて補強しており、幅は六七センチです。燃焼部は一段と深く掘ってあり、部屋みたいな形をなし、燃焼部には瓦を利用して十三の段が形成されているなど全体的に

斜面のなかにある大谷瓦窯跡

補強工作が行われています。出土遺物は、丸瓦・平瓦・丸瓦・文字瓦等で、軒丸瓦は飛鳥寺系統の瓦といわれ、文字瓦には「奈」・「風」・「水」「千」・「月」などの文字が読み取れます。この瓦窯跡は七世紀後半に出来たものと推定されています。灰山という小字は、灰を捨てた跡が山をなしていたことからの地名です。

⑮江戸時代の森川氏の陣屋跡といわれる場所が「梅ケ谷」にありますが、森川氏のことについて説明して下さい。

江戸時代、三河武士である森川氏は天正十八年(一五九〇)関東に入り、当地に領地二千二百石を得て、秋葉神社裏の「梅ケ谷」に陣屋を構えました。その面積は三ヘクタールです。森川氏は二六家に分かれていますが、その宗家がここの金右衛門家で、幕末の当主氏昌(うじまさ)は森川近江守といい、外国奉行まで勤めた人でした。初代氏俊の四男重俊は出羽守として、下総国生実(おゆみ)藩一万石の大名となりました。なお、一族の中には、芭蕉の十哲の一人といわれる森川許六(きょろく)がいます。

⑯火防の神として知られている秋葉神社について教えて下さい。

江戸時代の領主森川金右衛門が秋葉神社を勧請(かんじょう)しました。その本社は遠江国(静岡県の東部）にある秋葉大権現社です。森川氏が秋葉神社を深く崇拝した理由には、次のような霊験が伝えられています。

享保二年（一七一七）正月、江戸本郷に火災が発生し、火の手はまさに森川氏の屋敷にかかろうとする際に、手のひらを返すように隣屋敷の方に燃え広がって、森川氏の屋敷は火災にあわずに済みました。この時に隣屋敷の土塀に神像があるのを森川氏は発見しました。早速神像を床の間に移し、家臣一同で感謝申し上げました。江戸の大火のことが大谷の陣屋にも伝えられました。江戸屋敷の者が神像を調べて見ると、秋葉神社の像とよく似ていました。森川氏が帰国後、社殿を開けてみると、中には台座だけしか残されていませんでした。森川氏が深く崇拝している秋葉様が、わざわざ像を飛ばして江戸屋敷を守ってくれたことを知り、益々信仰したと伝えられています。

秋葉神社は火防の祈祷で古くから知られていますが、明治期から昭和初期にかけて養蚕祈祷が盛んに行われました。

松山宿から秋葉神社への道は、秋葉道といい、明治五年（一八七二）の秋葉道の道標が現在でも残っています。この道を地元では、いつしか殿様街道とも呼んでいます。

秋葉神社

いたるところに建つ庚申塚（庚塚）

⑰庚塚（こうづか）という地名はどのような意味があるのですか。

庚申塚（こうじんづか）があるので付けられた地名です。庚申信仰は、中国の道教の教えで説明している三尸（さんし）説から始まったといわれています。それが八世紀にわが国に伝わり、まず貴族階級の間に「庚申のお遊び」として、また武家社会では「庚申待ち」という形で広まりました。江戸時代になると、一般民衆の間にも広まり、信仰の対象物として「塚」や「庚申塔」を建てるようになってきました。この信仰は、人間の身体内には三尸という虫がおり、この虫が庚申の日の夜に身体を抜け出して天帝にその人の犯した罪を告げに行き、罪に応じて天帝がその人の寿命を縮めるという道教の説に基くものです。庚申講という行事は、人間が眠らないと身体から抜け出せないために、講中の仲間が集まって眠らずに一夜を明かすものです。大谷では、十基の庚申塔が確認されましたが、内五基が大谷耕地南面の庚塚周辺に集中しています。

⑱甲木（かぶらぎ）、中内出と古い歴史を物語るような地名がありますが、このような地名について説明して下さい。

「かぶらき」は「かぶ（同族の集団）＋らき（接尾語）」で、かつて同族の人達が住んでいた場所です。「うちで」は中世の土豪の館跡を指しています。この場所は旧家が多い地域で、比企能員の屋敷跡といわれている場所もあります。

⑲『郡村誌』に記載されているほどの笠松について説明して下さい。

『郡村誌』には「笠松林官有に属し、村の北方にあり。東西三町四五間、南北一町四五間、反別五町三反歩、一大古松幹二丈を回る、葉一反歩を覆ふ。形笠の如く、故に笠松の名あり」とあります。この松は神の松として敬われ、松の空洞には無宿人が三人ほど住み着いていたほどです。この有名な笠松のある地に小字「笠松下」と付けられました。

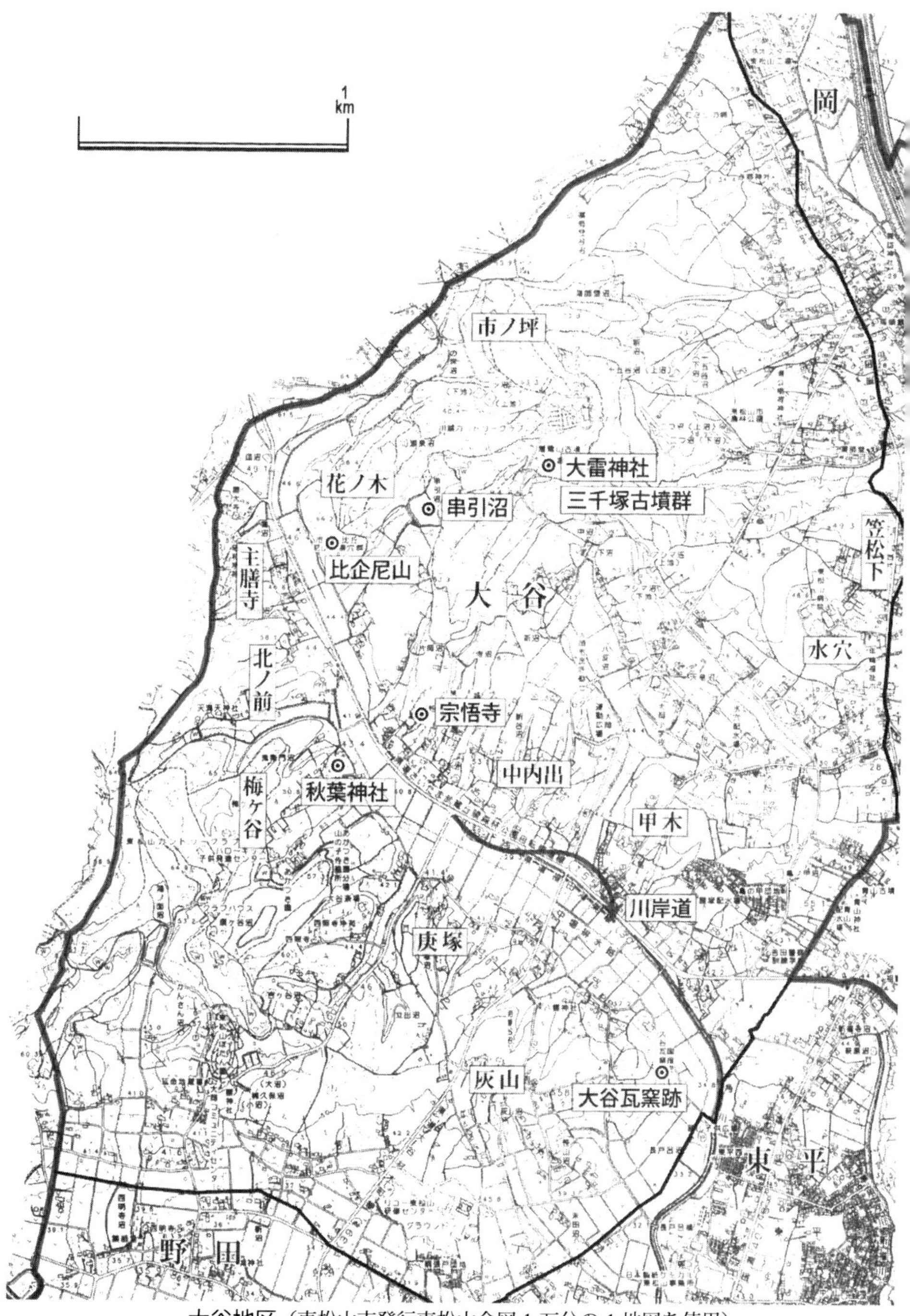

大谷地区（東松山市発行東松山全図１万分の１地図を使用）

二・岡(おか)

大字岡は江戸時代には岡郷といい、水房庄松山領に属していました。岡郷とは岡の村という意味です。これは土地が高く、西南に岡が連なっていることからこの地名ができたのでしょう。和田吉野川の右岸に位置する当地は、北から上岡・中岡・下岡に分かれています。

①玉太岡(たまふとおか)神社について説明して下さい。

玉太岡神社は、神明社と雷電社の合殿(あいどの)(二つの神社の併合したもの)です。『風土記稿』には「神明社雷光寺の持、雷電社同寺の持、以上二社共に鎮守なり」と記されていて、本来両社は別々の神社でした。明治以降神仏分離により、雷光寺は廃寺になり、神明宮と雷電社を合殿にして村社にしました。この地が玉太岡と呼ばれていたことから、玉太岡神社と改称されました。

本殿は神明造りで嘉永五年（一八五二）の再建といわれ、五穀豊穣の神社です。社殿の裏手には八雲神社が祀られ、明治中期頃までは獅子舞が奉納されました。この社寺林の中央に一段と大きい御神木があり、この木が市指定天然記念物の大榎（おおえのき）で、樹齢四百年といわれ、高さも二〇メートルもあります。榎は昔から一里塚や国境に目印として植えられ、また特殊な霊を持つ木とも考えられ、縁結びの榎として有名です。

玉太岡神社鳥居（上）
市指定天然記念物の大榎（下）

②光福寺の境内にある宝篋印塔について知りたいのですが、お願いします。

光福寺は鳩ケ谷市の法性寺末の寺で、山号は四国山と号しました。本尊の十一面観音、釈迦堂の本尊と共に行基の作と伝え、慶安二年（一六四九）八月に釈迦堂領八石の御朱印を賜った曹洞宗の名刹です。『風土記稿』には、開山とされる本山五世章山は永禄十年（一五六七）に没していて中興であったことや、明暦の頃（一六五五～五七）村内にあった知足院茂林寺をここに移し、合して一つにした等を書いてあります。光福寺が今日のようになったのは近世になってからで、寛政二年（一七九〇）の光福寺文書「差上申寺中坪数諸堂絵図面之事」によると、惣門を入って正面に本堂、左側に釈迦堂・衆堂・薬師堂・右側に庫裏・大庫裏・鎮守、東の裏門を入ると土蔵・便所・馬屋、裏には稲荷社もあり、境内坪数六、一二〇坪もありました。宝篋印塔は石造の塔の一種で、内部に「宝篋印陀羅尼」の経文を納めたことからこの名称があり

光福寺山門

ます。この経文は釈迦が路傍の朽ちた塔を礼拝して、この塔こそ如来の全身舎利を集めた宝塔であるとして塔の功徳などを述べた四〇句から構成されています。

この寺の宝篋印塔の塔身正面に「宝篋印塔」の文字、その下の基礎の部分裏面には造立の趣旨が刻まれています。これによると、この塔は元亨三年（一三二三）に藤原光貞と比企尼妙明の供養のために建てられたことがわかります。中世資料の乏しいことから、残念ながら二人の人物のことは不明です。

昭和五十二年（一九七七）光福寺宝篋印塔及び板石塔婆の収蔵庫建設に伴い実施された修復工事、それに伴う調査の際に明らかにされた出土品を以下に説明します。

明治十九年（一八八六）の「武蔵国比企郡岡郷光福寺宝篋印塔之記」に、塔を釈迦堂の前に移した際、塔の中から銀と水晶製の舎利塔、塔の下から壺が出土したと記録されています。

宝篋印塔に関する遺物は、五種に大別できます。①塔中にあったとされ、寺に伝世されている舎利、②舎利容器（五輪

宝篋印塔の下から出土された壺
（東松山市教育委員会提供）

塔）、③蔵骨器（白磁四耳壺）、④人骨、⑤数珠。この蔵骨器となっている白磁の四耳壺は、一四世紀前半頃の中国製陶磁器と推定されています。

③光福寺の収蔵庫には、板石塔婆がありますが。宝篋印塔と関係ありますか。

緑泥片岩からできている板石塔婆が収蔵庫にあります。高さ一八六センチメートル（地上高一六七・五センチメートル）、上幅三八・六センチメートル、下幅四三センチメートルであり、上部に阿弥陀三尊像が線刻されており、下部に「嘉元四年（一三〇六）二月」の銘を持ち、紀年銘の両側に花瓶がそれぞれ配されています。鎌倉時代末期に光福寺に宝篋印塔を建て、中国渡来の白磁の四耳壺を使用し、これらの仏教的行為を行った中世武士がいたことを証明しています。

上）板石塔婆などが保存される収蔵庫
左）宝篋印塔（東松山市教育委員会提供）

④上岡の観音様の馬の縁日は近郷近在で有名です。説明して下さい。

国道四〇七号沿いに曹洞宗慈雲山妙安寺があります。この寺は滑川町福田の成安寺末で、開山は祖真、祖真は「文禄元年（一五五八）十二月朔日寂す」と記録されているので、寺は一六世紀中頃に開山されました。当初山号は諏訪山となっていましたが、一八世紀孝道和尚の頃寺の改修に伴い、慈雲山に改称されました。妙安寺の境内には観音堂があり、この観音堂こそは関東地方随一といわれる上岡観音です。妙安寺にある「馬頭観世音縁起」によれば、「この観音は文治年間（一一八五～八九）瑞慶（ずいけい）和尚により福聚庵として創建されました。瑞慶和尚は源義経と京の鞍馬山での学友でした。義経が頼朝の不信をかって奥州の藤原氏を頼って陸奥に落ちのびた折、瑞慶和尚は義経の守り本尊であった黄金の観音の尊像を持って後を追ってこの地を通り、観音の夢枕のお告げで近くに住んでいた源範頼の助けを借りて福聚庵を創建し、この尊像を腹籠（ふくろう）（大切にまつる）として祀った」とあります。

現在の観音堂は、十九世仏光和尚により大正三年再建されたもので、東の絵馬堂は以前の観音堂でしたが、破損の程度が著しく残念ながら近年取り壊しました。

この観音が馬の観音として有名になったのは江戸時代からで、軍馬、農耕馬の守り本尊として信仰を集め、やがて明治以降は県内はもとより関東一円、信州、甲州、東北地方からも馬持ちが参拝しました。縁日は毎年二月一九日に行われましたが講は一村一講でした。

上岡馬頭観音

各講とも二、三人ずつ代表者が代参という形でお参りをしました。近くの人は馬でやってきたために、観音堂のまわりには、杭を打ち、棒を張り巡らして馬を走らせる場所がつくられました。参詣した馬持ちは、馬のお守り・家内安全の御札・馬頭観音のお姿を受け取り、絵馬・お笹（ささ）を買い求めました。それが終わると、妙安寺に行き、裏の山に馬をつなぎ、寺の接待を受けました。お笹は付近の竹藪の孟宗竹の葉で、馬の腹痛の妙薬ということでした。

一方、観音堂の裏には「戸板百枚」といわれたように百店舗余の絵馬屋が店を連ねていました。その近くの厩舎には御神馬が居て、参詣者が御神馬（ごしんめ）の食べる大豆を買い、御神馬に食べさせ、自分の馬が丈夫に育つように祈りました。裏の広場ではダルマ市が開かれ、数百軒の店が

境内にある像

並んでいました。観音堂前には宿屋が軒を連ね、遠方の参詣者を宿泊させました。参詣者は万余の人ともいわれ、小学校も当日は休みになりました。

盛況を極めた上岡の観音様の馬の縁日も、戦後は農業の機械化が進み、馬を飼う農家は姿を消していき、往時の面影を残していませんが、競馬関係者や乗馬クラブ、馬に係わる運送業者等の参詣が行われていて、それなりに馬市を開いています。

⑤妙安寺に隣接している諏訪神社について解説して下さい。

口碑によると、当社は初め妙安寺の境内に祀られていましたが、文政元年（一八一八）現在地に移転したということです。昭和四十二年（一九六七）の社殿再建のときに「奉新造上屋一字文政元戊寅稔十有二月五日妙安院位立峰双代」と書かれた棟札が見つかり、遷境内にある像座に合わせて上屋が建立されたことが分かります。

諏訪神社の本社は諏訪大社ですが、諏訪神社は漁業の神として祀られました。その後和田吉野川の水害の被害が大きく、水害の少ないことを祈って諏訪神社を崇拝したとの伝承があります。明治以降妙安寺の手を離れ、上岡の鎮守として今日まで来ました。

境内には、八雲・天神・稲荷・白山の四社が合祀されています。

妙安寺

諏訪神社

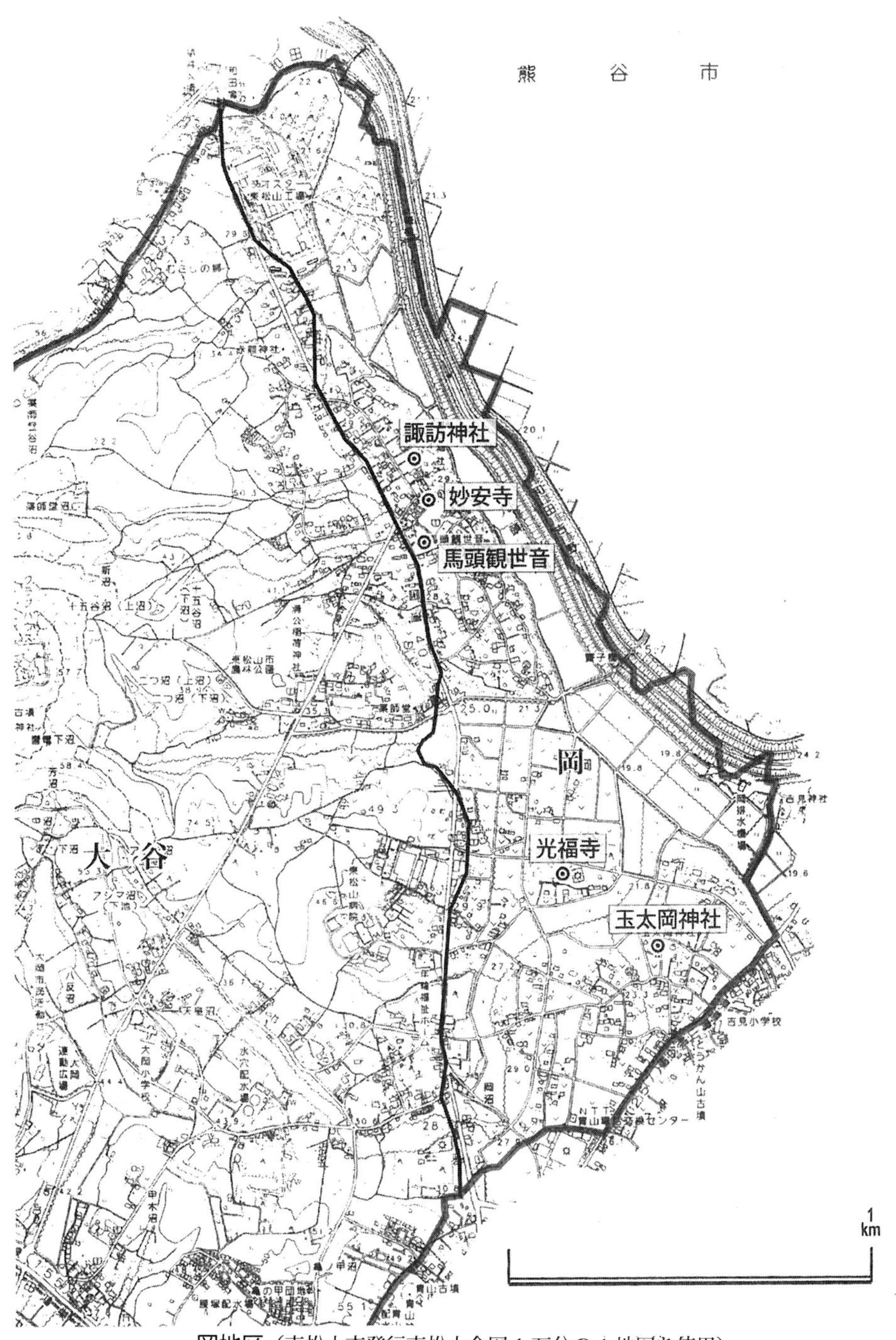

岡地区（東松山市発行東松山全図１万分の１地図を使用）

あとがき

今年は春先に異常気象が起こり、四月に入って寒の寒さがやってきました。原稿をまつやま書房の山本正史代表及び御子息の智紀氏に渡してから私に一つの大きな変化が起こりました。長男博史の死です。昨年の九月から千葉大学医学部の病院に入院していたのですが、薬石効なく十二月末に息を引き取りました。

そのショックから回復するまで相当の時間を要しました。まだ完全には元の状態に戻ってはいないのですが、元気を振り絞って校正を終了することができました。

退職後、郷土に腰を落ちつけてから分かったことですが、まだまだ郷土の中には手を付けてない貴重な歴史的事柄が多く眠っているということ、現時点で分かっていることを書き残しておく必要があるのではないかということです。考えてみますと、父親は明治三一年に田木の立野で生を受け、九三歳で亡くなるまでこの地域で色々なことを経験して、私もその言動を通して色々な事実を知っています。先輩の郷土史家の残された多くの研究成果を踏まえて纏めてみました。
最後になりましたが、この本の出版に当たりお世話になりましたまつやま書房の山本代表、担当の山本智紀氏に心からお礼を申し上げたいと思います。

この本を亡き息子の墓前に捧げます。

著者紹介

岡田　潔（おかだ　きよし）

東松山市文化財保護委員会副委員長（刊行当時）
埼玉県立松山高等学校卒
東京教育大学卒業後、川越高等学校等で教鞭をふるう。
埼玉県立大宮高校校長を平成５年退職。

◎主な著書
「箭弓稲荷神社一東松山・さきたま文庫（60）」
（さきたま出版会 2003）
◎共著
「東松山・比企の今昔」（郷土出版社 2008）
他、論文多数

東松山の地名と歴史〔復刻新版〕

2010年７月15日　原書　初版第一刷発行
2023年５月15日　復刻新版　初版第一刷発行
著　者　岡田　潔
発行者　山本　智紀
印　刷　日本ワントゥワンソリューションズ
発行所　まつやま書房
〒355－0017　埼玉県東松山市松葉町３－２－５
Tel.0493－22－4162　Fax.0493－22－4460
郵便振替　00190－3－70394
URL:http://www.matsuyama－syobou.com/

ISBN 978-4-89623-198-4 C0021